Die Jahre 1957–1958: Vom Ich zum Wir und zurück

Sternstunden des DDR-Humors

1957–1958

Vom Ich zum Wir und zurück

Eulenspiegel

Inhalt

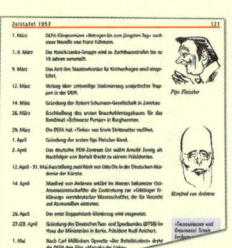

Auferstanden aus Ruinen

Es war zu Beginn der 50er Jahre, als ich, als ›Schütze A… im letzten Glied‹, d. h. als Redaktionsvolontär, ein paar Jahre lang die mehr als schlichten Räume der Zeitschrift »Frischer Wind« (die später bekanntlich »Eulenspiegel« hieß) zierte. Im knackigen Alter von 19 Jahren. Ich konnte damals recht stolz sein, zu dieser »duften Truppe« zu gehören, in der einige schon einen guten Namen hatten, als ich dazu kam, z. B. Hansgeorg Stengel, Ulrich Speitel, Lothar Kusche, John Stave, Nils Werner sowie die freien Mitarbeiter Erich Hanko, Alf Scorell, Carl Andrießen, Lothar Creutz und Günter Kunert. Als Boss fungierte Walter Heynowski, Import aus Bayern, der seinerzeit als der jüngste Chefredakteur in ganz Berlin galt. Es machte mich natürlich stolz, mit diesen Koryphäen gemeinsam das »Banner des Humors und der Satire« hochhalten zu dürfen.

In der Redaktion, in der Kronenstraße 73/74, hatte ich ein Zimmerchen für mich ganz allein, in dem ich Leserbriefe las, diverse Glossen verzapfte und Reportagefahrten durch die DDR vorbereitete. Von meinem kleinen Zimmer konnte ich ziemlich weit blicken – bis hinüber zur Friedrichstraße. Zwischen dem Redaktionsgebäude und der Friedrichstraße standen rauchgeschwärzte Mauerreste, türmten sich riesige Berge von Trümmern. Kein optimistisch stimmender Anblick! Bei jedem Blick aus dem Fenster wurde ich erinnert an den unseligen Zweiten Weltkrieg, der ja erst ein paar Jahre zuvor zu Ende gegangen war, und bei jedem Blick nach draußen bewegte mich der Gedanke: »Da ist alles kaputt, und du sollst hier drinnen Humor produzieren und den Lesern Spaß bereiten!«

Doch es ging! Schließlich gehörte ich zu einer »duften Truppe«, im DDR-öffentlichen Sprachgebrauch »Kollektiv«; heute würde es heißen »zu einem geilen Team«!

Humor und Satire sprossen in der Folgezeit nicht nur beim »Eulenspiegel«. Auf vielen Bühnen und in Varietés humorten beliebte Komiker rum – wie Paule Beckers, Fred Gigo, Karl Napp und Werner Kroll –, und zahlreiche Tageszeitungen legten sich seinerzeit Humor- und Satire-Seiten zu. Später spielte der Spaß auch beim Rundfunk der DDR eine große Rolle, noch später dann beim Fernsehfunk. Kurzum, in den Nachkriegsjahren wurde im Osten nicht weniger herzhaft gelacht als bei den Brüdern und Schwestern im fernen Westen. Könnter glauben!

Achim Fröhlich

Demonstration ausgeprägter Persönlichkeiten
gegen Gleichmacherei und Vermassung

1. Kapitel

Vom Ich zum Wir und zurück

Als Richtschnur für das Handeln eines jeden DDR-Bürgers sollen die **Zehn Gebote der sozialistischen Moral** gelten, die Walter Ulbricht auf dem V. Parteitag im Juli 1958 verkündet. Die Devise lautet **Vom Ich zum Wir**. Alle ziehen an einem Strang, Individualismus ist kleinbürgerlich und verträgt sich nicht mit der Lebensweise des neuen Menschen. Das Bündnis der Arbeiterklasse mit den Bauern und allen **werktätigen Schichten der Bevölkerung** soll die Gleichheit aller gewähren. Nur sind manche gleicher! Die Humoristen karikieren neue Herrlichkeiten der Wirtschaftskader und der kleinen Funktionäre – die großen beim Namen zu nennen, galt als Sakrileg, aber die Leser verstanden nur zu gut, worum es ging. Sie erzählen auch Geschichten von gar nicht so neuartigen Verhaltensweisen der kleinen Leute. Wenn **Ideal und Realität** auseinanderfallen, wenn sich das offizielle Bild und die Alltagsempfindung der Menschen widersprechen, eröffnet sich ein weites Feld für diese Autoren. Wer heute in den Texten starken satirischen Tobak vermißt, vergißt, daß allein die Darstellung solcher Geschehnisse und Verhaltensweisen, wie sie Renate Holland-Moritz mit dem in den Westen gemobbten Ingenieur oder Alfred Schiffers mit seinem trickreichen Werkdirektor vorlegten, zum Politikum wurde, ganz nach dem Muster: Weil nicht sein kann, was nicht sein darf.

R. Niemann

Die enge Verbindung mit den Massen

»Lieber Hans«, sagt tadelnd der erste Sekretär der FDJ-Kreisleitung, »du hast zuwenig Verbindung mit den Massen. Zahlreiche Jugendfreunde haben sich darüber beschwert, daß du zu abstrakt mit ihnen sprichst und daß deine Anweisungen lebensfremd und schematisch sind!«

Jugendfreund Hans Müller senkt in tiefem Schuldbewußtsein das Haupt. Jawohl, diesen Punkt hat er bisher sträflich vernachlässigt.

»Ich verspreche dir, Jugendfreund Sekretär«, sagt er so feierlich, wie es der Ernst der Kritik erfordert, »ich werde in eisernem, unablässigem Studium die mir fehlende Verbindung zu den Massen herstellen.« Mit selbstkritischem Händedruck bedankt er sich und begibt sich zwecks Selbststudium in die Bibliothek.

»Und nicht vergessen: Die Leitung muß immer Kontakt mit der Masse haben.«

Dortselbst unterhält sich die Bibliothekarin Anneliese gerade mit ihrer Freundin, der Stenotypistin Gisela. »Stell dir vor«, sagt Anneliese, »jetzt hat sie schon das dritte Kind, und der Mann versäuft jede Woche das halbe Kostgeld. Ich sag zu ihr: ›Dein Mann ist doch Genosse, geh zur Parteileitung‹ ...«

»Liebe Jugendfreundin Anneliese«, unterbricht sie Jugendfreund Müller, »die Privatgespräche während der Arbeitszeit sind Zeichen deiner Undiszipliniertheit. Wenn du nichts zu tun hast, solltest du deine Nase lieber in den Rechenschaftsbericht des letzten Plenums stecken. Und jetzt such mir bitte einige Werke von Lenin heraus, in denen er etwas über die enge Verbindung zu den Massen schrieb.«

Beladen mit einigen schweren Bänden geht Jugendfreund Müller in sein Arbeitszimmer. Die Putzfrau ist gerade dabei, die dunkelroten Polstersessel vom Aschenstaub der letzten drei Sitzungen zu säubern. »Liebe Ju – äh, liebe Kollegin«, sagt Jugendfreund Müller, »würdest du bitte mein Zimmer verlassen. Ich muß einige wichtige Arbeiten über Lenins Verbindung mit den Massen studieren.«

Die Miene der sich entfernenden Putzfrau ist weder beleidigt
noch erstaunt. Sie arbeitet schon seit zwei Jahren bei der FDJ-
Kreisleitung.

Mit dem abwesenden Blick des überanstrengten Selbststuden-
ten marschiert Jugendfreund Müller Punkt 17.00 Uhr zur
S-Bahn. Vor dem Bahnhof steht eine Gruppe junger Burschen.

»Hallo, Hans«, ruft ihm ein Junge
entgegen, mit dem er noch im vorigen Jahr zur Schule gegangen ist,
»fein, daß man dich mal trifft.
Kommste mit uns ins Kino?«

»Leider keine Zeit«, antwortet Jugendfreund Hans Müller, »muß
Selbststudium machen.« Die Jungen
lachen, und Jugendfreund Müller
denkt: Blödiane!

»Hans«, sagt Frau Müller zu ihrem
Sohn, der die Korridortür auf-
schließt, »nimm dir doch rasch das
Netz und hol im Konsum zwanzig Pfund Kartoffeln. Und dann
möchtest du mal bei der Krausen vorbeikommen, der Peter
kommt mit seinen Rechenaufgaben nicht zurecht.«

*»Stören Sie mich nicht,
Sie sehen doch, daß ich
mich gerade mit den
Arbeitern beschäftige!«*

»Tut mir leid, Mutter«, sagt Hans und hätte beinahe »Jugendfreundin Mutter« gesagt, »ich hab heute Wichtiges zu tun. Ich
muß mir im Selbststudium die ›Wichtige Frage der Verbindung
mit den Massen‹ erarbeiten.«

Frau Müller staunt und sagt: »Ich stelle mir unter Verbindung
mit den Massen etwas ganz Einfaches vor.«

Aber der Sohn sieht sie nur unwillig an. Und da denkt sie, die
heutige Jugend ist eben viel gebildeter als wir Alten. Und sie
macht sich selbst auf den Weg, um dem kleinen Nachbarssohn
die Rechenaufgaben zu erklären.

Verbindung

»Es ist ein Elend, und wir haben das schon oft kritisiert: Da
arbeiten wir den ganzen Tag in der Grube, und der Werkleiter
findet keinen Kontakt zu uns.« – »Bei uns ist das anders; unser
Werkleiter unterhält sich jeden Tag mit uns.« – »Worüber
denn?« – »Über den Betriebsfunk.«

Hans-Werner Tzschichhold

Ulrich Speitel

Der Klotz am Bein

Montag ist's, sonnig. Der richtige Tag, krank zu sein. Aber morgens um sieben erscheint in der LPG trotzdem der Genossenschaftsbauer Richtenberger. Eigentlich war er krank und hatte heute also allerhand vor. Seine Kartoffeln waren noch nicht raus.

Dem Bäcker hatte er mit dessen Broten ein paar schwarze Schweine gefüttert, denn sehn Sie mal, das bringt Geld, und der Bäcker hat zwar ein Auto, aber noch kein zweites Haus, und das sind doch keine Zustände, was? Und selber ist Richtenberger auch schon so weit heruntergekommen, daß er manchmal in der LPG arbeiten muß, und so waren die beiden

Jeder 20 Stunden im NAW
für Flora und Jolanthe

in der Not wegen der Schweine übereingekommen; die sollten heute verkauft werden. Trotz alledem wollte er sich gegen Feierabend aber auch noch an der LPG beteiligen, denn er brauchte die Gerste, die er vor Wochen an den Einzelbauern Brunge verkauft hatte – also, verflucht noch mal, eigentlich hätte er gut und gerne zwei Tage krank sein müssen. Aber morgens um sieben taucht er überraschend in der LPG auf. Es ist nämlich was Schlimmes passiert: Drei Einzelbauern haben beschlossen, in die Genossenschaft einzutreten. Der Richtenberger kennt diese Kerle. Es ist eine Riesengefahr, da muß er sofort die Mitglieder mobilisieren.

Die Erntehelfer staunen, daß frühmorgens auch schon ein Genossenschaftsbauer anwesend ist, und klären diesen Fremdling ein bißchen auf. Um sieben, bitte sehr, kann er einige Mitglieder bei der VdgB treffen, die laden nebenberuflich Kohlen aus. Dort eilt er hin. Diese drei Bauern, sagt er aufgeregt, die eintreten wollen, die darf man nicht aufnehmen. Er will ja nichts gesagt haben, aber nun haben wir uns so'n gemütliches LPG-Bett zurechtgemacht, und das lassen wir uns nicht beschmutzen. Und diese drei Bauernburschen, das wird ein Klotz am Bein der Genossenschaft sein, welcher dieselbe in die Tiefe zerrt.

Schon stapft er zum Bahnhof. Dort trifft er drei. Die waren schon seit vorgestern nicht mehr beim Friseur, und man muß sich ja mal die Haare schneiden lassen, nicht? Er warnt sie, womit er natürlich nichts gesagt haben will, vor der drohenden Gefahr und marschiert zur Kneipe.

In der Kneipe hält sich, auch das kommt vor, kein einziges Genossenschaftsmitglied auf. Es ist Gaststätten-Ruhetag. Was nun?

Nun klappert er die Felder der Bauern ab, wo einige Familienmitglieder aus der LPG das gute Verhältnis zum Einzelbauern pflegen, flitzt hierhin, dorthin, eilig, eilig, denn diese drei Bauern, also wie gesagt, gesagt haben möchte er nichts, aber wenn man die aufnimmt, gibt's eine Katastrophe.

Er ist schon an die dreißig Kilometer gelaufen, das zeigt die Größe der Gefahr, das ist sonst sein Monatspensum, aber die gute Hälfte der Mitglieder hat er noch nicht gefunden. Die müssen demnach auf den Genossenschaftsfeldern sein, wer hätte das gedacht! Aber aufs Feld, also nein, geht er nicht. Er ist in Fahrt, er würde jetzt schuften wie ein Gaul, aber er wird doch den Kollegen die Norm nicht versauen. Nein, also Kollegialität muß sein, und da wartet er lieber, bis es Mittag ist.

Mittags kommt seine Frau. Sie war außerhalb bei der Schneiderin, jedoch ist sie auf kein gewöhnliches Blatt abonniert, sondern auf die Dorfzeitung von Guste Tratsch, und deshalb weiß sie schon alles und sagt: »Du dämlicher Kerl, was fällt dir ein!« So bringt sie schnell eine lebhafte Unterhaltung in Gang.

»Wieso denn?« sagt er.

»Nu Donnerwetter«, sagt sie, »mit der LPG soll's doch vorwärtsgehn. Da müssen die Einzelbauern rein. Was posaunste denn da rum: Nehmt sie nicht auf, laßt sie bloß draußen!? Bringen sie 'ne Fuhre Schulden mit? Das sind doch gute Bauern, Mensch!«

»Na, eben«, sagt er, »das ist doch das Unglück! Gute Bauern – bums, schon ist's mit unserer Gemütlichkeit aus!«

»Jesus, Maria«, sagt sie, »ein dämlicher Kerl! Wieso ist's denn mit der Gemütlichkeit aus. Jetzt wird's doch für uns erst richtig gemütlich!«

»Warum?« sagt er.

»Weil wir jetzt«, sagt sie, »endlich noch ein paar mehr haben, die richtig arbeiten!«

Er stutzt. »Ach so«, sagt er, »gut, gut, dann leg ich mich gleich mal ein bißchen hin.«

»Nischt ist«, sagt sie, »so viel Dummheit muß bestraft werden. Marsch, in die Kartoffeln!«

Er senkt den Kopf – schlimm. »Bitte«, sagt er, »ich hab's ja gesagt: Mit diesen Einzelbauern gibt's eine Katastrophe!«

Und traurig geht er.

Walter Ulbricht besucht LPG-Bauern. In einer Aussprache wird darüber diskutiert, ob beim Anbau künftig Früh- oder Spätkartoffeln der Vorzug gegeben werden soll. Die Diskussion zusammenfassend, sagt Walter Ulbricht: »Liebe Genossinnen und Genossen, nu, wir brauchen weder früh Kartoffeln noch spät abends Kartoffeln, sondern in erster Linie welche mittags auf den Tisch!«

Achim Fröhlich

Ernte-Einsatz

Da es noch erschreckend viele Fälle gibt, in denen Erntehelfer aus der Stadt bei Landeinsätzen zu Dutzenden über die Felder herfallen und einfach zu arbeiten beginnen, soll hier anhand eines sichergestellten Berichtsbogens einer Verwaltungsstelle über einen Ernte-Einsatz, an dem 22 Kolleginnen und Kollegen teilnahmen, ein Musterbeispiel für sinnvolle Arbeitseinteilung angeführt werden.
Obwohl dieses Musterbeispiel sinnvoller Arbeitsteilung noch Mängel aufweist, da beispielsweise ein zweiter stellvertretender Einsatzleiter fehlt, glauben wir doch, daß es manchen Betrieben als Anregung dienen kann.

Das übliche Schlangestehen; man schimpft auf die Versorgungslage. »Aber jetzt wird es besser, es soll mehr Mais angebaut werden«, erklärt ein Genosse die neue Agrarpolitik Chruschtschows.
Da sagt ein Mann: »Wird auch Zeit! Das Korn reicht ja kaum für den Schnaps!«

1. Einsatzleiter: Inspizierte unermüdlich von morgens bis abends die umliegenden Felder und Wälder
2. Stellvertretender Einsatzleiter: Teilte in vorbildlicher Weise die Arbeit ein und übernahm die Beaufsichtigung
3. Registrator: Notierte gewissenhaft Namen und Anzahl der Helfer (genau 22)
4. Sonderbeauftragter: Holte mit Freunden Bier aus der 300 Meter entfernten Lokalität (78 Flaschen)
5. Sekretärin I: Stand aufopferungsvoll jederzeit dem Einsatzleiter zur Verfügung
6. Sekretärin II: Half begeistert dem Registrator beim Zählen der Erntehelfer (genau 22 Stück)
7. Sekretärin III: Tippte einwandfrei den hier vorliegenden Bericht
8. Ideologe: Machte die Arbeitenden staatsbewußt auf die politische Notwendigkeit der Ernteeinsätze aufmerksam
9. Träger: Trug unverdrossen zwei Bände von Karl Marx und zwei von Mitschurin für den Ideologen
10. Essenträger: Trug in beispielhafter Weise die Verantwortung über den Essenstransport
11. Essenträger II: Trug in ebenso beispielhafter Weise das Essen heran (Bohnen mit Speck)
12. Zeitnehmer: Stoppte peinlich genau die Zeit und achtete auf die Einhaltung des Achtstundentages
13. Schreiber I: Sammelte fleißig Stoff für den Wandzeitungsartikel »Die Kartoffel und wir«

14. Schreiber II: Sammelte eifrig Stoff für diverse Zeitungs-
artikel (ND, BZ, Freier Bauer usw.)
15. Verteiler: Verteilte reibungslos die Arbeitsgeräte (insgesamt 1 Korb)
16. Fotografin: Knipste lachende Erntehelfer für eine Wand-
und sieben Tageszeitungen
17. Wächter I: Bewachte streng die Kleidungsstücke der arbeitenden Kollegen (1 Unterrock)
18. Wächter II: Unterstützte uneigennützig Wächter I bei dessen verantwortungsvoller Tätigkeit
19. Meteorologe: Beobachtete konzentriert die Wetterlage und
hätte im Falle von Regenwetter ein solches gemeldet
20. Zähler: Zählte exakt die Anzahl der gesammelten Kartoffeln (insgesamt 1376 Stück)
21. Stimmungsmacher: Erzählte unentwegt Witze zur Hebung
der allgemeinen Arbeitsmoral
22. Kollegin: Sammelte diverse Kartoffeln auf (1376 Stück)

Anmerkung: Die unter 22 angeführte Kollegin lehnte verant-
wortungslos jede Funktion ab und arbeitete nur. Die Kader-
abteilung wird mit ihr ein zwangloses Gespräch führen müssen.

Vom Ich zum Wir

Herr Schmidt, ein Egoist, ein schlimmer,
hat nun den Schritt zum Wir vollbracht.
Nach seinen Fehlern sagt er immer:
»Wir haben da was falsch gemacht.«

Klaus Lettke

»Kommt, Kinder, jetzt
gibt es Wurst am Stengel!«

Horst von Tümpling

Die Wortmeldung

Die Einwohnerversammlung stand diesmal unter dem Thema: Bau eines Kindergartens im Perspektivzeitraum sowie im Wohngebiet. Und so schloß der Referent des Abends seinen Vortrag mit den Worten: »... darum, liebe Bürger, genügt es nicht, nur für den Frieden zu kämpfen, man muß auch etwas dafür tun!« Dann raffte er entschlossen seine Papiere zusammen und verließ das Podium. Natürlich war dieses Einwohnerforum gut besucht, und mit Recht konnte der Beifall der mehr als sechzig Versammelten zwei Tage später in den »Aktuellen Notizen« der Kreiszeitung als stürmisch bezeichnet werden.

Vorerst jedoch warf das Präsidium, nachdem der Redner geendet hatte, aufmunternde Blicke ins Publikum. Hier schwieg man jedoch nachdenklich. Denn so ein interessanter Überblick, wie ihn der Redner soeben über die Weltraumfahrt, die Aussichten der Atomtechnik wie auch über die Entwässerung des Spreewaldes gegeben hatte, wollte erst einmal verdaut werden. Zumal für manch einen im Saale überhaupt erst in diesen größeren Zusammenhängen die Frage des geplanten Kindergartens richtig beurteilt werden konnte. In den letzten drei Reihen gingen die ersten.

»Zuerst wollte er mit der Prämie allein nach Haus, doch dann habe ich ihm klargemacht, daß es darauf ankommt, den Schritt vom Ich zum Wir zu machen.«

Der Versammlungsleiter sah auf die Uhr und sagte väterlich: »Nun, liebe Freunde, ich denke doch, daß das Thema unserer heutigen Zusammenkunft«, hierbei vergewisserte er sich vorsorglich noch einmal durch einen Blick in seine Notizen, »also nämlich der Bau eines Kindergartens im Perspektivzeitraum sowie im Wohngebiet sicher den einen oder anderen unserer Menschen interessiert. Unser Referent, der Herr Stadtrat«, damit deutete er eine leichte Verbeugung in Richtung des Vorredners an, der inzwischen zu seinem Platz zurückgefunden hatte und auch mit dem Ordnen seiner Papiere zu Ende kam, »ja – also, ich denke, es gibt Stoff genug für einen lebendigen Meinungsstreit, ha, ha!«

Der Herr Stadtrat lächelte freundlich. Und damit nicht wieder eine Pause einträte, rief der Versammlungsleiter rasch: »Wünscht also jemand das Wort?«

Irgendwo in den mittleren Reihen erhob sich unbefangen eine Frau in reiferen Jahren.

»Einen Moment bitte, Frau …?« sagte der Mann am Präsidiumstisch, und jemand aus dem Saal ergänzte: »Frau Kollermann – fünf Kinder und keen Mann …« Frau Kollermann drehte sich scherzhaft drohend zu dem vorlauten Rufer um. Jemand lachte, es gab ein bißchen Bewegung. Hinten kam der Abzug ins Stocken. Der Leiter ließ sich nicht irre machen. Er sah wieder auf seine Notizen und verhieß mit einladender Geste: »Das Wort hat der Jugendfreund Peter Hurtig aus dem Schrittmacherkollektiv ›Wita Benkoff‹ unseres Emaillierwerkes.« Und durch die Stuhlreihen nach vorn schritt ein ansehnlicher Enddreißiger, von seinem Blauhemd fest umspannt und während des Gehens den einen oder anderen im Saal durch freundschaftliches Zucken des Oberkörpers grüßend. Unterm Arm hielt er eine rotüberzogene Rolle, und mit gestrafftem Sprung langte er auf dem Podium an. »Freunde!« begann er mit jugendlich heller Stimme. »Einige von euch kennen mich vielleicht schon von den letzten Versammlungen. Aber wie wir jungen Menschen aus dem Emaillierwerk so zu sagen pflegen: doppelt gebrannt hält besser.«

Er prüfte kurz sein Manuskript und las dann weiter: »Obwohl ich nicht wußte, daß ich heute hier zu euch sprechen würde, Freunde – nun, ich bin kein großer Redner. Aber – wie man unter unseren Werktätigen so sagt: Jedem, wie ihm der Schnabel gewachsen ist. Und so möchte ich hier einmal offen und ehrlich über die bedeutenden Erfolge unserer Arbeit in unserem Ringen um noch bessere Erzielung der ökonomischen Ergebnisse berichten. Ja, liebe Freunde – es ist uns gelungen, vor allem im Rahmen der Vertiefung der Kooperation mit der Abteilung ME zwei und dem Bereich Entfettung unseres Zweigwerkes, einen völlig neuen Schubkoeffizienten für die Lacktaucherei zu entwickeln. Nun, Freunde, und ich denke, wenn wir bisher auch noch keine Lacktaucherei in unserem Werk haben, weil wir ja schließlich und endlich ein Emaillierwerk sind, nicht wahr, also so ist das doch, denke ich, ein erneuter überzeugender Beweis …«

Als er nach einer knappen Viertelstunde über eine kurze Betrachtung des Weltgeschehens und der sportlichen Erfolge in der Nachwuchsriege der BSG »Blech und Glas« zum Schluß kam, überreichte er dem Versammlungsleiter noch jene rotbespannte Rolle, welche sich als die Wettbewerbsstafette »Atze Blitzblank« herausstellte, bis zum Rand gefüllt mit vorwärtsweisenden Verpflichtungen des Jugendkollektivs »Wita Benkoff«.

> Ein Funktionär hält vor den Arbeitern der Leipziger Kirow-Werke eine Rede. »Ständig geht es bei uns bergauf, Genossen! Bald wird jeder von euch einen Fernsehapparat haben, dann einen Kleinwagen und in wenigen Jahren sogar einen Hubschrauber!« »Was soll ich mit einem Hubschrauber?« ruft ein Arbeiter dazwischen. »Ist doch klar, Genosse«, sagt der Funktionär. »Wenn es hier in Leipzig keine Rasierklingen gibt und du hörst, daß es in Rostock welche gibt, dann fliegst du eben schnell hin und stellst dich als erster in die Schlange.«

Zugegeben, der Beifall war vielleicht etwas schwächer als zuvor, obwohl im Saal manche den zu seinem Platz zurückschreitenden Jugendfreund durch Klatschen mittels rhythmisch überm Kopf zusammengeschlagener Hände begleiteten. Andererseits waren aber inzwischen wieder einige Bürger nach Hause gegangen; noch nicht jeder unserer Menschen hat eben bis heute die Wichtigkeit der Ökonomie richtig verstanden. Der

Versammlungsleiter aber hielt die soeben empfangene Stafette hoch erhoben, und es war, als ob ihm der tiefe Zusammenhang zwischen den Worten des Jugendfreundes Peter Hurtig und dem Thema des Abends, der geplante Kindergarten, zu Herzen ging. »Betrieb und Wohngebiet – Hand in Hand!« rief er aus. »Und weil wir gerade von dem neuen Kindergarten sprechen – ich glaube, da hatte sich doch vorhin unsere geschätzte Frau Bollermann oder Hollermann ...« Während sich aber in den letzten Reihen noch immer einige Bürger, wenn auch zögernd, in ihre Mäntel zwängten, mußte Frau Kollermann wohl schon vorher gegangen sein. Vielleicht, weil zu Hause die Kinder ins Bett gebracht werden mußten. Vielleicht aber auch, weil sie noch zu denen gehört, die es bisher nicht ganz verstanden haben, genügend Verständnis für die echten Probleme unserer jungen Emaillierwerker zu entwickeln Der Versammlungsleiter hob leise bedauernd die Schultern und fragte eilig: »Vielleicht sonst noch jemand?« Aber in den Reihen der etwa acht noch anwesenden Bürger war wohl schon alles klar. Als letzte gingen der Versammlungsleiter und der Reporter der Kreiszeitung; sie hatten noch ein kleines Schwätzchen miteinander.

Mehr als zwei volle Tage lang sprachen Teile der Einwohner des Wohngebietes noch manchmal über die Versammlung, wenn sie sich etwa im Konsum oder im Treppenhaus trafen.

Auch wenn später der Bau des Kindergartens aus dem Perspektiv- in den Prognosezeitraum hinausgeschoben wurde, so traf doch zu, als die Kreiszeitung betonte, daß vor allem der Diskussionsbeitrag des prächtigen jungen Emaillierwerkers die Bürger in Bewegung gebracht hatte.

Vielleicht finden – etwa wie Frau Kollermann – noch nicht alle unsere Menschen auf solchen wichtigen Versammlungen immer gleich das richtige Wort. Aber zeigt nicht vor allem das Beispiel jenes Jugendfreundes Peter Hurtig, wie sehr es vor allem auf Taten ankommt?

Heinz Fischer

Das tägliche Einerlei

Unsere Abteilung ist, wie man so sagt, ein Herz und eine Seele. Wir haben keine Geheimnisse voreinander. Jeder weiß Bescheid über jeden und hilft, wo er kann. Aber so soll es auch sein: eine verschworene Gemeinschaft. Störenfriede sind eigentlich nur die Kollegen Müller und Meier. Sie kapseln sich ab, arbeiten meistens schweigend vor sich hin – und wenn sie mal den Mund auftun zu einem abgehackten Wort, handelt es sich immer um »Dienstliches«. Aber wozu sich Gedanken machen? Zwei bejahrte Einzelgänger … am besten, man läßt sie links liegen. Wir anderen tauschen jedenfalls regelmäßig unsere Erfahrungen aus. Erst vorhin kam Ilse und fragte, ob ich nicht auch der Meinung sei, daß Gaby mit ihrer neuen Frisur wie eine gerupfte Henne aussähe. Nun, ich wußte gleich, woher der Wind wehte. Es ging um Paul, der Ilse gestern abend im »Casino« wie einen alten Handschuh behandelt und sich nur mit Gaby beschäftigt hatte. Ich goß also bedauernd ein wenig Öl auf die Flammen, und als Ilse weg war, lief ich zu Gaby und berichtete brühwarm, ohne viel hinzuzufügen. Sie verlor ein paar knappe Worte über Ilse, und es sieht ganz so aus, als würde um den Schafskopf Paul nächstens noch ein interessanter Kampf entbrennen. Ich werde vermutlich große Mühe haben, hierbei gütig zu vermitteln; aber dieser Aufgabe unterziehe ich mich gern. Das gute Einvernehmen der Abteilung geht mir über alles. Später – ich erfüllte gerade gedankenvoll die Norm – kam Erich. Er druckste eine Zeitlang herum und machte mir dann ein unklares Angebot. Ich war sprachlos. Sollte es zwischem ihm und Maria aus sein? Das wäre ja eine Sensation! Aber der Maria würde ich das gönnen, dieser blöden Gans. Da hätte sie auch gleich die gerechte Strafe für ihren Betrug an der Arbeiterschaft. Sie hat nämlich noch fünf Stunden nachzuarbeiten; aber sie kümmert sich überhaupt nicht darum. Ich denke mir, sie wird diese Stunden einfach so eingeschrieben haben. Bisher konnte mir das ja egal sein. Aber jetzt wirds einen feinen Knall geben, wenn ich die Bombe platzen lasse. Ich glaube, ich muß hier etwas einflechten. Es ist natürlich nicht so, daß bei unserer Arbeit private Dinge vorherrschen. Wir tragen nur Freud und Leid gemeinsam. Wenn uns der Meister beispielsweise einen Posten Ausschuß zurückgibt, diskutieren wir ganz ernsthaft die Schuldfrage. Und das mit dem Ausschuß ist ja auch

»Ich bin sicher, daß es regnet. Aber warten wir mal die Meinung des Kollektivs ab.«

nur halb so schlimm; denn da wir alle an einem Topf arbeiten, verteilt sich der Schaden. Die einzigen, die darüber meckern sind Müller und Meier; da sprechen sie sogar zusammenhängende Sätze. Ich denke aber, ich lasse mir das gleiche Kleid machen wie Maria; dann kann der Erich am besten vergleichen. Tja, das ist eben der Kampf der Geschlechter! Sonst passiert aber wenig Neues. Es heißt, wir hätten den Plan nicht erfüllt. Wenn das stimmt, ist es mir ein Rätsel, was aus unseren Prämien wird. Man soll das nur ja irgendwie hinbiegen … vielleicht auf die Art von Marias fünf Stunden. Aber da sieht mans mal wieder: Die Kollegen Müller und Meier haben mit ihrer ewigen Rammelei diese Pleite auch nicht verhindern können.

Im Staatsbürgerkundeunterricht wird Fritzchen nach dem wichtigsten Grundsatz der DDR-Politik gefragt. »Im Mittelpunkt steht der Mensch«, sagt Fritzchen.
»Gut«, sagt der Lehrer, »dafür gibt es eine Zwei.«
Darauf Fritzchen: »Für eine Eins kann ich Ihnen auch seinen Namen nennen.«

Die Sonderschicht

»Wir wären ja blöd«, sagte der Werkleiter Maus am Freitagvormittag zur Werkleitung, »wenn wir nicht alles dransetzen, den Quartalsplan zu erfüllen. Die Gründe brauche ich Ihnen wohl kaum zu erklären.« Er brauchte nicht. Eifriges Kopfnicken einiger Kollektivköpfe zeigte ihm, daß seine Worte verstanden worden waren. Nachdem das Kollektiv ausgenickt hatte, begab Maus sich in die Montageabteilung. Seine Ansprache war knapp: »Ehren der Republik … Sonderschicht … Plan retten!« – »Das ist leicht gesagt«, meinte der Brigadier. »Die Schrauben sind von der Werkleitung zu spät bestellt worden, und nun sind sie nicht da. Und wir haben nicht bloß einige hundert Schrauben an-, sondern auch noch die Aggregate zusammenzuschrauben. Wenn also die Schrauben heute noch kommen, können wir frühestens Sonntagmittag fertig sein.« – »Die Schrauben kommen«, beteuerte der Werkleiter. »An unserer Initiative hats nicht gefehlt. 13 Einkäufer sind mit 13 Autos in alle Himmelsrichtungen unterwegs. Irgendwo wirds schon klappen.« Es klappte. »Geschafft!« verkündete Maus der Leitung am Montag. »Und zwar dank der Initiative unserer Kumpel. Keine Frage, daß wir unseren braven Kumpeln geben, was ihnen zukommt. Unser Dank soll nicht billiger Art sein. Eine Urkunde wird entworfen und kann bereits in 14 Tagen begutachtet werden. Und Bier gibts gleich.« – »Und wir?« fragte jemand aus der Werkleitung. »Wir haben doch schließlich auch was getan!« – »Uns geziemt es, Bescheidenheit zu üben«, sagte Maus, »wir warten mal hübsch, bis es Prämien gibt, das ist doch klar.«

Alfred Schiffers

Renate Holland-Moritz

Vorurteile mit Weile!

Ingenieur Richard Freytag ist eine gute Kraft. Im VEB Blattsilber genießt er Achtung, fachliche Anerkennung und einen passablen Einzelvertrag.

Ingenieur Freytag wird allgemein geschätzt. Der Betriebsleiter kann ihn gut leiden, der BGL-Vorsitzende, der Parteisekretär, der Oberingenieur – alle mögen ihn gern. Auch die Reinemachefrau freut sich, wenn er ihr freundlich die Hand schüttelt und sich nach ihrem Befinden erkundigt.

Nur die neue Kaderleiterin, die seit zwei Tagen im Werk ist und freitags Fragebogen studiert ... Sein Fragebogen ist in Ordnung, es findet sich nicht die Spur eines dunklen Fleckchens in seiner Akte, er kommt nicht zu spät, bummelt nicht, erfüllt den Plan, nichts ist zu beanstanden. Aber die neue Kaderleiterin hat was gegen Richard Freytag. Irgend etwas. Vielleicht gefällt ihr seine Nase nicht – weiß der Teufel. Sie kann ihn nicht riechen. Ingenieur Richard Freytag arbeitet gern im VEB Blattsilber. Der Vertrag ist gut, die Arbeit angenehm, die Kollegen sind nett und zuvorkommend. Er verträgt sich mit dem Betriebsleiter, dem BGL-Vorsitzenden, dem Parteisekretär, dem Oberingenieur. Nur die neue Kaderleiterin ...

Die kann er nicht verknusen. Er weiß nicht genau, warum. Sie ist ihm einfach unsympathisch. Wenn er sie auf der Treppe oder im Speisesaal sieht, grüßt er sie kühl und förmlich.

10 GEBOTE für den neuen sozialistischen Menschen

1. Du SOLLST dich stets für die internationale Solidarität der Arbeiterklasse und aller Werktätigen sowie für die unverbrüchliche Verbundenheit aller sozialistischen Länder einsetzen.
2. Du SOLLST dein Vaterland lieben und stets bereit sein, deine ganze Kraft und Fähigkeit für die Verteidigung der Arbeiter- und Bauern-Macht einzusetzen.
3. Du SOLLST helfen, die Ausbeutung des Menschen durch den Menschen zu beseitigen.
4. Du SOLLST gute Taten für den Sozialismus vollbringen, denn der Sozialismus führt zu einem besseren Leben für alle Werktätigen.
5. Du SOLLST beim Aufbau des Sozialismus im Geiste der gegenseitigen Hilfe und der kameradschaftlichen Zusammenarbeit handeln, das Kollektiv achten und seine Kritik beherzigen.
6. Du SOLLST das Volkseigentum schützen und mehren.
7. Du SOLLST stets nach Verbesserung deiner Leistungen streben, sparsam sein und die sozialistische Arbeitsdisziplin festigen.
8. Du SOLLST deine Kinder im Geiste des Friedens und Sozialismus zu allseitig gebildeten, charakterfesten und körperlich gestählten Menschen erziehen.
9. Du SOLLST sauber und anständig leben und deine Familie achten.
10. Du SOLLST Solidarität mit den um ihre nationale Befreiung kämpfenden und den ihre nationale Unabhängigkeit verteidigenden Völkern üben.

WALTER ULBRICHT AUF DEM V. PARTEITAG DER SED AM 10. JULI 1958 IN BERLIN

Die neue Kaderleiterin ist beleidigt. Wenn sie den Kerl schon nicht leiden kann, dann soll er sie wenigstens ... Beiläufig sagt sie in der Parteiversammlung: »Dieser Freytag ist ein ausgesprochener Individualist.« Der Parteisekretär merkt auf. Man muß sich diesen Herrn Freytag einmal etwas näher ansehen, denkt er, Frauen haben in solchen Dingen immer ein besonderes Gefühl. Und wenn er Richard Freytag nun auf der Treppe trifft, ist sein Gruß nicht mehr so herzlich.

Die neue Kaderleiterin wohnt in der Nähe des Betriebsleiters. Folglich benutzen beide denselben Dienstwagen. Nebenbei bemerkt, sagt die Kaderleiterin eines Morgens, dieser Ingenieur Freytag ist von einer geradezu anmaßenden Arroganz. Dann reden sie von etwas anderem. Aber der Betriebsleiter hat die Bemerkung nicht vergessen. Arroganz ist nur mit Arroganz zu schlagen, denkt er bei sich. Und er ist gar nicht mehr so nett zu Richard Freytag. Mit dem BGL-Vorsitzenden ist die neue Kaderleiterin böse. Er will ihr partout in diesem Jahr keinen FDGB-Ferienscheck für die Ostsee geben, bloß weil sie voriges Jahr schon da war. »Natürlich«, sagt sie giftig, »der saubere Herr Freytag darf natürlich für dreißig Mark an die Ostsee fahren. Obwohl er überhaupt keinen Kontakt zu den Massen hat.« Der BGL-Vorsitzende hat eigentlich immer guten Kontakt zu dem Kollegen Freytag gehabt. Aber wenn die neue Kaderleiterin sagt ... Und er teilt dem Kollegen Freytag telefonisch mit, daß es mit der Ostseereise leider doch nicht klappen wird.

Morjen, Herr Freytag. Wat is denn hier neuerdings für 'ne dicke Luft jejen Sie?

»Sagen Sie, Herr Oberingenieur«, fragt die neue Kaderleiterin den Oberingenieur, »was ist dieser Richard Freytag eigentlich für ein Mensch? Haben Sie nicht auch den Eindruck, daß er gar nicht auf dem Boden unserer Republik steht?« Der Oberingenieur weiß nur, daß Ingenieur Freytag gut arbeitet und ein liebenswürdiger Mensch ist. Aber wenn die neue Kaderleiterin so etwas sagt ... Und vorsichtshalber verschließt er die wichtigsten Akten im Tresor, zu dem nur er den Schlüssel hat.

»Morjen, Herr Freytag«, sagt die Reinemachefrau freundlich, als ihr Richard Freytag die Hand entgegenstreckt. »Wat is denn hier neuerdings für 'ne dicke Luft jejen Sie?«

Ingenieur Freytag steht erstarrt. Also trügt ihn sein Gefühl doch nicht! Sogar die Reinemachefrau hat gemerkt, daß irgend etwas gegen ihn im Gange ist.

In Herrn Freytags Schreibtisch liegt seit langem ein Angebot von seiner alten Firma aus Hannover. Er hat nie darauf geantwortet, weil es ihm im VEB Blattsilber sehr gut gefällt.

Nach drei Tagen hält die neue Kaderleiterin das Kündigungsschreiben Freytags in der Hand. Sie wundert sich zwar ein bißchen, aber im Grunde ist sie sehr froh darüber. Sie hat den Kerl ja nie leiden können. Vier Wochen später erfahren die Kollegen des VEB Blattsilber, daß Ingenieur Freytag in Hannover arbeitet.

»Seht ihr«, sagt die neue Kaderleiterin, »da habt ihr den Beweis! Ich habe es ja gleich gesagt: Dieser Freytag stand nicht auf dem Boden unserer Republik.«

2. Kapitel

Alles zum Wohle des Volkes

Humorvolles aus dem Alltag

1957 startet die Sowjetunion mit dem **Sputnik** erstmals einen Flugkörper ins All. Die westliche Welt erleidet den Sputnikschock, die östliche ist stolz und begeistert. Die Automobilbauer aus dem **VEB Sachsenring Zwickau** geben ihrem neuentwickelten Auto – das erste verläßt 1957, das letzte und 3 051 385. im Jahr 1991 das Werk – den Namen **Trabant**. Denn Trabant, der Begleiter, ist die Übersetzung des russischen Worts Sputnik. Andere Namen wie Rennpappe oder Plastebomber verdankt das Gefährt der Tatsache, daß es aus **Kunststoff** ist. Der Trabant entsprach durchaus dem technischen Standard der Zeit. Traumautos aber kamen aus Eisenach: Zwischen 1957 und 1965 wurden dort **Wartburg**-Sportwagen und -Coupes produziert. Wer sich ein solches Auto leisten konnte, hatte das große Los gezogen, wie man auf den folgenden Seiten nachlesen kann. Doch allzu oft gab es Technik aus vorsintflutlichen Zeiten, wie Lothar Kusche glaubwürdig über seinen Badeofen berichtet. Dafür bietet Hansgeorg Stengel mit dem **Wadiganigi** eine geniale Erfindung an – das Warenhaus für Waren, die es gar nicht gibt. Und das waren nicht wenige. Selbst für die Weihnachtsgans mußte sich die Hausfrau anstellen. Da sie dank polnischer und ungarischer Exporte doch meist eine ergatterte, konnte denn auch die 1957 startende alljährliche Fernsehsendung **Zwischen Frühstück und Gänsebraten** heißen.

Lothar Kusche

Die Geschichte unseres Badeofens

Meine Frau sagte: »Können Sie uns den Badeofen empfehlen?« Der Verkäufer antwortete: »Wenn ich Ihnen überhaupt einen Badeofen empfehlen kann, so ist es dieser! Sehen Sie sich das Schmuckstück doch einmal an: sehr nette Kesselform, aparte Ganzmetall-Ausführung, und hier gewissermaßen als Clou des Ganzen der drehbare Originalhahn zur Wasser-Entnahme. Alles gewissermaßen Weltniveau – wenn nicht darüber! Außerdem ist es der einzige Badeofen, den ich Ihnen empfehlen kann, weil es zufälligerweise der einzige Badeofen ist, den wir überhaupt führen.«

»Ja, meine Lieben, wir haben in das Klavier einen Radio- und einen Fernsehapparat einbauen lassen.«

Daraufhin erwarben wir das Gerät.

Zu Hause sagte meine Frau: »Hier ist ja bloß ein Hahn dran. Ich habe noch nie in meinem Leben einen Badeofen gesehen, an dem bloß ein Hahn dran ist. An einen Badeofen gehören zwei Hähne, nämlich ein Hahn für kaltes Wasser und ein Hahn für warmes Wasser. Was soll denn dieser einsame Einzelhahn? Kommt da kaltes Wasser raus? Oder warmes? Oder lauwarmes? Oder was?«

»Es handelt sich um eine äußerst patente Neuerung auf dem Wasserhahnweltmarkt«, erläuterte ich, »wenn du diesen Hahn nur ein ganz klein bißchen aufdrehst, kommt kaltes Wasser heraus; drehst du aber ganz weit auf, so strömt nahezu kochendes Wasser in die Wanne.«

Meine Frau manipulierte an der äußerst patenten Neuerung auf dem Wasserhahnweltmarkt und sagte: »Ich glaube nicht, daß du recht hast; es bleibt kalt.«

»Natürlich«, belehrte ich sie, »muß man den Badeofen, wenn nahezu kochendes Wasser herausströmen soll, zuvor auch heizen! Und das hast du versäumt. Im übrigen befindet sich auf dem Kessel, wenige Handbreiten über dem Hahn, eine schematische Darstellung der Mischkurve mit genauen Angaben über

die Hahnumdrehungszahlen und die entsprechenden Wasser-
temperaturwerte in exakten Celsius-Gradzahlen.«
»Wenn es so ist«, sagte meine Frau, »dann ist ja alles in bester
Ordnung.« Dann ging sie in den Keller. Ich wartete, bis sie mit
dem gefüllten Kohleneimer wieder oben war, und sagte: »Die
Kohlen hätte ich ja nun wirklich raufholen können.« Dann heiz-
ten wir den neuen Badeofen.
Er wurde sofort wunderbar heiß, und am heißesten wurde die
Farbe, mit welcher der Kessel gestrichen war; es war eine reine
Freude. Nach zehn Minuten war die Farbe dermaßen heiß, daß
sie mit einem Ruck von dem sehr netten und aparten Ganz-
metall-Kessel abplatzte, und zwar mitsamt der schematischen
Darstellung der Mischkurve mit genauen Angaben über die
Hahnumdrehungszahlen und die entsprechenden Wassertempe-
raturwerte in exakten Celsius-Gradzahlen.
Nun öffneten wir den Patenthahn ganz weit, und nahezu ko-
chendes Wasser strömte heraus.
»Der Bursche in dem Laden hat nicht zuviel versprochen«, sagte
meine Frau, »sieh doch: das Wasser kommt nicht nur aus dem
Hahn, sondern es läuft auch oben aus dem Badeofen heraus.«
»Ja«, sagte ich, »und außerdem läuft an der Seite auch noch
etwas Wasser auf den Fußboden; aber heiß ist es – alles, was
recht ist!«
Nach einer halben Stunde stand mehr Wasser in unserem Badezimmer als in unserer Badewanne.
»Irgend etwas stimmt nicht«, sagte ich, »ich werde mich be-
schweren gehen.«
»Ich weiß überhaupt nicht, was Sie wollen«, sagte der Verkäufer, »manche Leute meckern, daß kein Wasser aus dem Hahn
herauskommt, und Sie meckern, weil zu viel Wasser aus dem
Ofen herauskommt. Legen Sie doch eine Gummimatte unter.
Oder haben Sie vielleicht eine leere Konservendose? Sie können ja auch die Badewanne entsprechend verschieben. Vielleicht befestigen Sie an den fraglichen Stellen einige Trichter,
die wiederum mit Schläuchen verbunden werden können. Dieses Trichtermodell kann ich Ihnen sehr empfehlen. Sehen Sie
sich das Schmuckstück doch einmal an: sehr nette Trichter-
form, aparte Plastik-Ausführung, und hier unten gewissermaßen als Clou des Ganzen ...« Da war ich schon auf dem Weg
nach Hause.
Meine Frau sagte: »Du bist ein Trottel. Schröder hat genau den
gleichen Badeofen wie wir. Ich habe Schröder getroffen. Bei ihm

Anfrage an den Sen-
der Jerewan: Ich war
das erste Mal in
Moskau und wollte
den Lebensstandard
der Sowjetbürger stu-
dieren. Ein Schaufen-
ster fesselte mich be-
sonders.
Dort war ein Damen-
kleid mit 20 Rubel
ausgeschrieben, für
einen Herrenanzug
verlangte man 25
Rubel und für einen
dicken Wintermantel
nur 30 Rubel. Sind
das nicht ganz er-
staunlich niedrige
Preise?
Antwort: Im Prinzip
ja. Nur haben Sie
übersehen, daß es
sich nicht um ein
Konfektionsgeschäft
handelt. Der Laden
ist eine Reinigung.

kommt nirgendwo Wasser raus. Er ist mit dem Badeofen sehr zufrieden. Du mußt etwas falsch gemacht haben. Wahrscheinlich hast du nicht genügend in dem Feuerloch gestukert.«
Ich begab mich sofort an das Feuerloch und stukerte darin herum. Dann öffnete ich den Patenthahn. Sofort schoß das heiße Wasser aus dem Hahn und aus der Decke des Badeofens heraus, jedoch war das Wasser nun schmutzigbraun und mit Kohlengrus durchsetzt. Schnell drehte ich den Patenthahn wieder zu, aber das Kohlengrus-Wasser lief dennoch weiter heraus. Ich rief sofort wieder den Verkäufer an. Er sagte: »Dann müssen Sie den Zuleitungshahn zudrehen. Haben Sie keinen Zuleitungshahn? Ich kann Ihnen einen sehr netten Zuleitungshahn empfehlen. Aparte Zuleitungshahnform ...«
Meine Frau rief aus der Stube: »Hilfe! Aus der Ofentür läuft heißes Wasser. Du bist ein Trottel. Du muß den Badeofen falsch angeschlossen haben.« Ich sagte: »Stell doch eine Konservenbüchse unter die Ofentür. Wenn der Badeofen auch falsch angeschlossen ist, so funktioniert er doch immerhin. In Zukunft stecken wir die Briketts in den Patenthahn und entnehmen das heiße Wasser der Ofentür im Zimmer. Wenn wir einige Dielenbretter heraussägen, können wir die Wanne ohne weiteres vor den Ofen in die Stube stellen.«
Meine Frau sagte: »Dann mußt du aber Schröder fragen, weil er unter uns wohnt und weil die Wanne dann an seiner Decke hängen würde.«
Ich fragte Schröder, und er sagte: »Ich habe nichts dagegen, wenn Sie die Decke durchbrechen, aber Sie dürfen sich in der Wanne nicht so heftig bewegen, weil es dann bullert, und der Ton von unserem Fernseher ist sowieso schon so leise.«
Ich sagte: »Meine Frau hat mir erzählt, daß Sie mit Ihrem Badeofen sehr zufrieden sind. Wie machen Sie es denn, daß das Wasser in die Wanne läuft?«
»In welche Wanne?« fragte Schröder, »wir haben doch gar keine Wanne. Wir haben nur einen Badeofen, und das auch bloß, weil wir ihn geerbt haben. Das Baden in warmem Wasser verweichlicht nur. Wenn Sie baden wollen, können Sie doch zum Strandbad gehen.«
Seitdem benutzen wir unsern Badeofen als Kaffeemaschine und sind sehr zufrieden; es ist nur etwas schwierig, den Kaffee mit den Trichtern in die Tassen zu füllen.

Das Baden in warmem Wasser verweichlicht nur.

Eulenspiegeleien

Staatliches Notariat
Arnstadt
Gesch.-Nr. NR 171/57

Arnstadt, den 9. März 1957

Sehr geehrter Herr Hofmann!
In der Erbscheinssache der Frau verw. Bertha
Hofmann geb. Kahl in Alkersleben bitten wir
noch um alsbaldige Übersendung Jhres im Jahre
1918 gestorbenen Vaters unter Angabe obigen
Aktenzeichens.

Hochachtungsvoll:
AA.

Not. Angestellte.

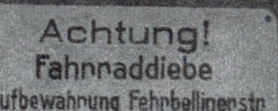

Achtung!
Fahrraddiebe
Aufbewahrung Fehrbellinerstr.

Ein Zebra wurde dieser Tage im Dresdner
Zoo zum ersten Mal seit 30 Jahren wieder ge-
boren.
Weitere politische Nachrichten auf Seite 7.

VEB HOLZGERÄTE
„OSKAR MANITU"

„Holzlöffel brauchste? Ja, haste Matrijal?"

Zwei Hausfrauen unterhalten sich über ihre Alltagssorgen. Schließlich sagt die eine: »Ich habe gehört, morgen soll's Regen geben.« Sagt die andere: »Ist mir egal, ich stelle mich für nichts mehr an!«

GASTSTÄTTE
HALLE DER FÜTTERUNG

ICH ZUM WIR

...a: erfolglos

Suse: erfolglos

Rosa: erfolglos

Die Eros-Sisters: von der KGD verpflichtet

Erich Hanko

Frau Bramke und der Sputnik

Wenn in der Unterhaltung eine Pause eintritt und niemand so recht weiß, worüber man jetzt sprechen könnte, griff man bisher gewöhnlich auf das Wetter zurück. Man stellte fest, daß es nun eigentlich genug geregnet habe, daß man ganz gern wieder mal die Unterhosen ausziehen würde und die Radieschen buchstäblich nach Sonne lechzten. Heute – und das ist ein Verdienst des Geophysikalischen Jahres – hat man noch eine andere Möglichkeit. Man kann über den Sputnik

»Hallo Verkehrspolizei? Möchte Ihnen nur mitteilen, daß ich in zwanzig Minuten meinen Sputnik starte.«

sprechen. Das erfordert allerdings astrophysikalische Kenntnisse, und es ist ziemlich schwer, andere Leute darüber aufzuklären, wenn man selbst nicht viel davon versteht. Aber einige einschlägige Fachausdrücke kann man schließlich in jeder Zeitung finden.

»Was sagen Sie zum Sputnik?« fragte ich neulich Frau Bramke. »Dolle Sache, was?«

»Hm«, meinte sie vorsichtig. »Man hört jetzt viel von ihm. Was macht er eigentlich da oben?«

Darauf hatte ich gewartet. Ich schob die linke Hand lässig in die Hosentasche und begann ruhig, direkt wissenschaftlich, wie es das Thema erforderte: »Er hat verschiedene Funktionen. Er registriert die Korpuskularstrahlung der Sonne, außerdem die Photonen und schweren Kerne in den kosmischen Strahlen. Und dann sind natürlich auch die elektrostatischen Fluxmeter …«

»Das muß ja furchtbar anstrengend sein«, sagte Frau Bramke und schüttelte den Kopf. »Die arme Frau. Wie lange bleibt er denn oben?«

»Man rechnet mit einigen Monaten. Aber von welcher Frau sprachen Sie?«

»Na, von der Christa. Christa Sputnik! Kennen Sie die nicht? Die hat doch bei der letzten Olympiade verschiedene Preise

geholt. Und so lange sind sie doch noch gar nicht verheira-
tet. Mir tut sie direkt leid.«
»Sie verwechseln das, Frau Bramke. Die Christa heißt nicht
Sputnik, sondern Stubnick.«
»Sehen Sie, ich habe mich doch schon manchmal gewundert
und gedacht, die hieß doch eigentlich etwas anders. Wie sag-
ten Sie?«
»Stubnick ...«
»Richtig. Und ihr Mann muß nun da oben um die Erde flie-
gen? Und sogar mehrere Monate?«
»Wir mißverstehen uns, Frau Bramke. Ich
rede nicht von Christa Stubnick oder ihrem
Mann ...«
»Vorhin sagten Sie aber Sputnik. Wie hei-
ßen sie denn nun wirklich?«
Ich nahm die Hand aus der Hosentasche.
»Sie heißen Stubnick. Aber ...«
»Richtig. Und ehe sie ihn heiratete, hieß
sie Seliger. Das weiß ich noch genau.«
»... aber ich rede nicht von Stubnicks, Frau
Bramke, sondern vom Sputnik. Sputnik ist
ein russisches Wort und bedeutet soviel wie
›Kamerad‹ oder ›Begleiter‹.«

»Na schön, mag ja sein, daß man das im
Russischen so nennt. Aber wir sprechen
doch deutsch, und da sagt man nicht ›Be-
gleiter‹, sondern ›Ehemann‹. Die Christa
Sputnik würde sich das bestimmt verbit-
ten, wenn man zu ihr sagen würde: ›Ihr
Herr Begleiter fliegt jetzt da oben um die
Erde rum.«
»Frau Bramke«, sagte ich ziemlich laut, »ich spreche von dem
Satelliten Sputnik, der jetzt in das Weltall geschossen wurde.
Kennen Sie den denn nicht?«
»Satelliten?« Frau Bramke schüttelte abermals den Kopf.
»Dann muß er seinen Beruf gewechselt haben. Soviel ich mich
erinnere, war er früher bei der Volkspolizei.«
In diesem Augenblick entdeckte ich eine graue Wolke am Ho-
rizont, die sich schnell näherte.
»Ich glaube, Frau Bramke«, sagte ich, »es wird bald ein Ge-
witter geben.«

Erwin F. B. Albrecht

Verblüffende Wirkung

Die Bestellung

Es war kein Tisch mehr frei. Ich setzte mich zu dem Dicken. Kaum hatte ich die Speisekarte zur Hand genommen, als der Kellner kam. Aber mich sah er nicht, er sah, während er Teller abräumte und Krümel hinunterfegte, nur immer den Dicken. »Entschuldigen Sie, mein Herr, daß ich Ihnen den Preis für Fettkäse berechnet habe, obwohl es Magerkäse war.« Mit jedem dritten Wort verbeugte er sich. »Es soll nicht wieder vorkommen, mein Herr. Sie bekommen noch fünfundvierzig Pfennig heraus.« »Schon gut«, winkte der Dicke ab, als die Verkäuferin vom Kuchenbüfett auf den Tisch zusteuerte.

»Es ist mir sehr peinlich, mein Herr, daß an den Petit fours die Preise von der VEB Großkonditorei ›Leckelecke‹ stehengeblieben sind, entschuldigen Sie. Die Petit fours von ›Leckelecke‹ sind größer und daher auch teurer als die von der Konsumbäckerei, die Sie hatten. Das Versehen passiert mir zum erstenmal, mein Herr. Entschuldigen Sie also bitte vielmals, mein Herr.«

Sie hatte noch nicht ausgeredet, als in seiner hohen weißen Mütze der Koch am Tisch erschien. »Also mit dem Hackepeter verhielt sich das so, mein Herr: Ich habe ihn heute nicht persönlich gemacht, nicht wahr, und daß da zuviel Fett und ein paar Flechsen und Sehnen mit reingerutscht sind, das ist nicht meine Schuld, nicht wahr, und ich habe die Frauen auch schon entsprechend zusammengestaucht ...« – »Aber ich habe ja gar keinen Hackepeter gegessen«, unterbrach der Dicke den Redeschwall. »Ach richtig, Sie hatten ja wohl Leber gehabt, richtig«, schnurrte der Koch weiter ab, »ja, mit der Leber war das nämlich so, mein Herr: Ich brate sie bestimmt sonst immer in Butter, nicht wahr, aber heute war sie mir ausgegangen, die Butter, kann ja mal vorkommen, nicht wahr, und da habe ich eben Schmalz genommen, nicht wahr, man will doch den Gast bedienen, nicht, aber ich habe wirklich nur versehentlich in dem Augenblick vergessen, daß Leber in Schmalz gebraten natürlich etwas billiger sein muß als Leber in Butter, nicht wahr?« Der Dicke setzte zu einer neuen Entgegnung an, aber da wurde der Koch vom Geschäftsführer beiseite geschoben.

»Gestatten Sie ein Wort der Erklärung, mein Herr. Sie werden erstaunt gewesen sein, daß in unserer Gaststätte noch die alten Preise auf der Speisekarte stehen. Aber in unserer Gaststätte wurden die Portionen nach den letzten Preissenkungen ent-

sprechend erhöht, so daß die Preise zwar rein äußerlich dieselben geblieben, aber genau genommen natürlich doch nicht die gleichen sind. Sie verstehen doch, mein Herr? Es ist lediglich im Interesse unserer Planerfüllung geschehen. Leider ist mir soeben erst aus der Presse bekannt geworden, daß so etwas unstatthaft ist. Ich bitte vielmals um Entschuldigung.«
Nachdem sich die Lage beruhigt und ich mein Bier bestellt hatte, fragte ich den Dicken: »Verzeihen Sie, haben Sie sich beschwert?« – »Keine Spur«, lachte er, »ich bin vorhin nur mal ans Telefon gerufen worden.« – »Ans Telefon?« wiederholte ich verständnislos. »Ja«, sagte der Dicke und griff zum Kognak, »das hat die ulkigsten Wirkungen. Ich heiße nämlich Prüfer.«

Schon gewählt

Wir gingen ins Lokal »Zum heimischen Fleck«, das Richard von seinem letzten Besuch noch in angenehmer Erinnerung hatte. Nachdem wir Platz genommen hatten, begann Richard zu schwärmen: »Wie veraltet, ja, rückständig wirkt doch so eine gewöhnliche Speisekarte gegenüber solch einem Tischtuch!« Dabei deutete er auf die zahlreichen Tischtuch-Flecke. »Auf der Karte leere Worte«, philosophierte er, »aber so ein Tuch, solche Flecke, das sind Tatsachen! Das ist ehrlich! Das schafft Kontakt zwischen Gast und Küche!«
»Haben die Herrschaften schon gewählt?« fragte der Kellner. »Einmal das hier«, sagte Richard und zeigte auf einen rotbraunen Fleck. Ich wählte Eintopf, indem ich eine auf dem Tischtuch zerdrückte grüne Erbse anvisierte. Als ich beim Bier war, brachte der Kellner meinem Freunde Hasenbraten. Richard grollte: »Ich habe keinen Hasen bestellt, sondern das hier!« Er deutete auf den bewußten Fleck. »Das ist Fasan!«
Da der Kellner heftig widersprach, wurde der Oberkellner hinzugezogen. Der wollte den Fleck unbedingt als Wildschwein identifizieren. Richard blieb ungerührt. Er ließ sich in seiner Meinung auch dann nicht erschüttern, als der Küchenchef herangeholt wurde. Der Mann vom Herd prüfte gewissenhaft, aber umständlich. Minutenlang hatte ich Angst, Richard könnte der Blamierte sein. Da entschied der Koch: »Fasan!«
»Du stehst glänzend da, Richard«, sagte ich bewundernd. »Das möchte wohl auch sein«, erwiderte er grinsend, »den Fleck hab ich doch selbst gemacht, als ich vor vier Wochen hier war!«

Günter Krone

Walter Ulbricht sitzt in der Kantine des Zentralkomitees und hat riesigen Hunger. »Genosse Ober, nu, was können Sie mir empfehlen?« Der Ober: »Genosse Ulbricht, wunderbar wäre Kaviar, den haben wir ganz frisch hereinbekommen.« Ulbricht: »Kaviar? Nu, was ist denn das?« Der Ober: »Das sind Fischeier.« Darauf Ulbricht: »Nu, da hauen Sie mir mal fünf in die Pfanne.«

Hansgeorg Stengel

Schlittschuhplattler

Ich betrat das Kaufhaus »Wadiganigi« (Abkürzung für »Waren, die es gar nicht gibt«) und fragte den Kaufhausleiter. »Nun, was haben Sie denn heute so Besonderes nicht anzubieten?« Der Kaufhausleiter dachte kaum eine halbe Sekunde nach und antwortete ohne Umschweife: »Eiskunstlaufeisen, also Schlittschuhe für Eiskunstläufer – die sind momentan mal wieder in außerordentlich großer Auswahl und Qualität nicht am Lager. Womit kann ich Ihnen außerdem nicht dienen?«

»Haben Sie davon noch mehr auf Lager?« – »Aber gewiß doch, meine Dame!« – »Na, da bin ich aber neugierig, ob Sie diese Muster loswerden!«

»Danke«, sagte ich. »Ich gedenke keineswegs nichts zu kaufen. Es handelt sich hier nur um einen Test. Herr Paul Mittag aus Dresden N 6 schrieb mir nämlich einen Brief, in dem er mir deprimiert mitteilte, daß er für seine dreizehnjährige rollschuh- und eiskunstlaufende Tochter Martina im Sommer zwar Eislaufstiefel, nicht aber die dazugehörenden Eisen ergattern konnte. Im Oktober gab es zwar da und dort solche Eisen, aber nur mit Stiefel gekoppelt – obwohl Stiefel und Eisen von zwei verschiedenen Fabriken geliefert wurden.«

»Koppelgeschäfte?« stutzte der Kaufhausleiter, »sind die nicht verboten?«

»Für das HO-Sporthaus Freital und das Sportgeschäft Bartel in Dresden offenbar nicht!«

»Dagegen ist ja unser Kaufhaus ›Wadiganigi‹ direkt ein hochsolides Unternehmen«, bemerkte der Kaufhausleiter. »Wir koppeln nicht, weil es bei uns sowieso nichts zu kaufen gibt. Eiskunstlaufeisen haben wir, solange ich Chef des Kaufhauses bin, nicht reingekriegt.«

»Und wie kommt es, daß einige Geschäfte immerhin eine geringe Anzahl Eisen, wenn auch nur für Koppelgeschäfte, erhalten, während Sie völlig leer ausgehen?«

»Tja«, erklärte der Kaufhausleiter, »als Kaufhaus für Waren, die es gar nicht gibt, genießen wir selbstverständlich den Vorzug regelmäßiger und direkter Nichtlieferungen durch den VEB Trusetal, wogegen eben andere Geschäfte immer wieder damit rechnen müssen, zwei oder drei Paar Eisen pro Quartal aus Südthüringen geliefert zu bekommen.«

»Offenbar gehört die HO-Sportartikel in Dresden N 23 nicht zu diesen Geschäften«, seufzte ich, »denn Verkaufsstellenleiter Rudolf Schwede hat in seinem Laden schon seit langer, langer Zeit keine Eisen mehr gesehen. Was sagen Sie dazu?«

»Ausgezeichnet!« strahlte der Kaufhausleiter. »Unsere Lagerräume für nicht vorhandene Waren platzen ohnehin aus allen Nähten. Da werden wir die HO-Sportartikel in Dresden N 23 mit uns zu einem Wadiganigi-Kombinat vereinigen.«

»So ein Unsinn! Was soll die Fusion?«

»Wir würden«, sagte der Kaufhausleiter vorwärtsträumend, »unseren Laden auf Zweischichtbetrieb umstellen und durchgehend offenhalten. Was glauben Sie, wie viele Eiskunstlaufeisen wir dann erst nicht verkaufen können!«

> »Hast du schon gehört? Die S-Bahnhöfe an der Grenze zu Westberlin sollen alle in ›Schiller-Bahnhof‹ umbenannt werden.«
> »Warum denn das?«
> »Alle zwanzig Minuten kommen die Räuber.«

UnterHOsen

»Komm«, sprach vor zwei Jahren meine
Frau, »wir gehen zur HO,
und ich kaufe dir dort zwo
Unterhosen. Oder eine!«

»Diese Nummer«, sprach die Kleine,
die die Unterhosen zeigt,
»paßt genau!« Ich war geneigt,
und schon war die Hose meine.

Sechsmarkzwei für Marke »Wappen«.
Qualität und Preis genehm.
Hose saß auch sehr bequem ...
Jetzt ist sie ein Bohnerlappen.

»Macht nichts«, rief mein Weib ohn Reue,
»Sechsmarkzwei sind nicht so wild!«
Dann entschied sie schlicht und mild:
»Kriegst noch heute eine neue!«

»Diese Nummer«, sprach die Kleine,
die die Unterhosen zeigt,
»paßt genau!« Ich war geneigt,
und schon war die Hose meine.

»Neunmarkdreißig!« – ? (Marke »Wappen«!)
Ich war platt. Warum?! Wieso?!
Vor zwei Jahren Sechsmarkzwo –
und jetzt plötzlich mehr berappen?

Flüstert daraufhin die Kleine:
»Das ist eben jetzt der Witz:
Diese sind mit größerm Schlitz,
drum der Aufschlag. Nähm Se eine?«

Alfred Schiffers

Renate Holland-Moritz

Das große Los

Erich hatte bei der großen Tombola zum Tag der Republik ein
Los gekauft. Danach legte er das Los irgendwohin, er hätte
beim besten Willen nicht mehr sagen können, wohin. Es war
ihm auch völlig gleichgültig. Weder er noch seine Frau Erika
lasen die Gewinnliste durch, beide überzeugt davon, daß sie bestimmt nichts gewonnen hatten. Doch eines Tages blickte Erika
gebannt auf ein Zeitungsblatt. »Hast du schon gelesen«, sagte
sie zu ihrem lieben Mann, »der Gewinner des Wartburgs hat
sich noch nicht gemeldet. Wo ist eigentlich unser Los?«
»Weiß nicht«, brummte Erich, »interessiert mich auch nicht.
Wie du siehst, habe ich zu tun.« Sie sah es. Mit gefurchter Stirn

Ist ein Wartburg eine Lappalie?   entwarf er Illustrationen zu einem Rennfahrer-Roman
– der erste große Auftrag, den er in seiner soeben be-
gonnenen Laufbahn als Grafiker hatte. Sie sah ihm über die
Schulter.
»Wie fein du die Kotflügel hinkriegst«, staunte sie respektvoll,
»als wärst du mindestens in einem SIM zur Welt gekommen.«
»Das sind Rennwagen, Vögelchen«, berichtigte er sie väterlich.
»Ich weiß, ich weiß. Aber ein Wartburg würde mir schon genügen. Siehst du nachher mal in deiner Brieftasche nach?«
»Wonach?«
»Nach dem Los, Liebling! Vielleicht haben wir das Auto …«
Wütend schlug Erich mit der Faust auf den Tisch. »Erika«,
sagte er scharf – er nannte sie immer Erika, wenn er böse war –,
»du benimmst dich wie eine Kleinbürgerin! Nur Spießer hoffen
auf das große Los. Wenn wir ein Auto haben wollen, dann müs-
sen wir uns eins kaufen.«
»Wir können aber nicht«, entgegnete sie kleinlaut, »wir müs-
sen froh sein, daß du welche zeichnen darfst.«
Das sah er ein. Und weil er sie so sehr liebte, tat es ihm ganz
schrecklich leid. Er zog sie auf seinen Schoß und streichelte ihr
Gesicht. »Eines Tages, Liebling«, sagte er zärtlich, »werde ich
ein berühmter Mann sein. Dann schicken mir alle Verlage ihre
Bücher zum Illustrieren, und dann kaufe ich dir ein Flugzeug.«
»Ich will aber nur ein Auto.«
»Ein Auto natürlich auch, Liebling, alles, was du nur willst.«
Sie schmiegte sich glücklich an ihn. »Ach, wird das schön!« Und
nach einer Weile: »Sag mal, was passiert denn nun, wenn sich
der Wartburg-Gewinner überhaupt nicht meldet?«
»Das weiß ich nicht«, sagte er ungeduldig, »sicher wird der

Wagen dann in das Geschäft zurückgebracht und verkauft. Aber das kann uns ja egal sein.«

»Natürlich«, sagte sie überzeugt, »wir haben ihn sowieso nicht gewonnen. Dazu sind wir viel zu verliebt.«

Er küßte sie zärtlich und machte sich wieder an seine Rennautos. Plötzlich sprang er auf. »Sag mal, Liebling, hast du schon meinen hellen Anzug ausgebürstet?«

Sie lächelte ihn an. »Hab ich. Aber das Los war nicht drin.«

»Laß mich mit dem dämlichen Los in Ruhe«, schimpfte er, wobei ihm eine leise Röte über das Gesicht huschte, »ich suche mein Notizbuch.«

»Das Notizbuch hast du gestern eigenhändig in den Papierkorb geschmissen«, erinnerte sie ihn. »Bei der Gelegenheit kann ich ja den Papierkorb gleich mal auskippen.«

Sie nahm den Korb und verschwand damit in der Küche. Nach fünf Minuten folgte er ihr. Sie saß inmitten eines Papierhaufens und wühlte aufgeregt darin herum.

Ein Traumauto, made in GDR – 1957 kommt ein Wartburg Reise-Coupé auf den Markt.

»Was machst du da?« fragte er streng.

»Ich … ich suche … ich wollte nur mal sehn … vielleicht ist das Los …«, stammelte sie.

»Verdammt«, schrie er, »jetzt langts mir aber. Das Los ist weg und damit basta! Ich habe es gekauft, weil die Tombola einem guten Zweck diente. Damit ist die Sache für mich erledigt. Ich will keinen Zank wegen einer solchen Lappalie.«

»Ist ein Wartburg eine Lappalie?« wagte sie schüchtern einzuwenden. Wortlos knallte er die Küchentür zu und ging ins Wohnzimmer. In dieser Nacht schliefen sie zum erstenmal in ihrer jungen Ehe getrennt. Am nächsten Morgen ging Erich früh aus dem Haus, um beim Verlag die ersten gelungenen Rennautos abzuliefern. Unterwegs kaufte er sich eine Zeitung, die er mißmutig zu lesen begann. Plötzlich ging in seinem Gesicht das Leuchten einer 100-Watt-Birne auf.

»Der strahlt«, sagte ein Fahrgast zu einem anderen, »als wenna det jroße Los jewonnen hätte.«

Als Erich mit einem Blumenstrauß zu Hause ankam, erwartete ihn Erika schon mit einem herrlich gedeckten Tisch. Sie umarmten sich lange. »Welch ein Glück«, flüsterte Erich an Erikas Hals.

»Ja, Liebster«, antwortete sie lächelnd, »nun ist alles gut.«

Radio und Zeitungen hatten am Morgen berichtet, daß sich als Gewinner des Wartburgs der Rentner Ottokar Schulze nun endlich gemeldet habe.

C. U. Wiesner

Das Haus in der Seitenstraße

Ich hatte immer angenommen, daß es solche Einrichtungen in unserem Staate nicht mehr gibt. Im demokratischen Sektor von Berlin habe ich jedenfalls nie etwas Derartiges entdeckt, obwohl man es in einer Weltstadt mit Fug vermuten dürfte.
Vor einigen Tagen nun hatte ich dienstlich in X. zu tun. X. ist eine mitteldeutsche Großstadt, der Lokalpatrioten und Leute, die sich amüsieren wollen, mehr Weltniveau zusprechen als unserer Metropole Berlin. Ich konnte nicht umhin, diesen Eindruck bestätigt zu finden. Es gab dort freundliche Verkäuferinnen, Gummiband, mehrere Tanzlokale, und – fast schäme ich mich, es zu gestehen – es gab dort auch ein solches Etablissement.

Ein Bekannter raunte es mir zu: In der und der Straße … Man müsse aber rechtzeitig dasein, denn zuweilen herrsche ein arger Andrang. Auf die Frage, wieso er darüber so gut unterrichtet sei, gab er errötend zu, daß auch ihn mal so eine Anwandlung … Ich winkte ab und meinte, es sei schließlich eine Sache des persönlichen Geschmacks. Ich für meinen Teil würde mich jedenfalls hüten, schon vom hygienischen Stand-

»Ich muß wohl tatsächlich so aussehen, als ob ich bereits bedient bin …«

punkt aus. Es würden ja ständig Stichproben gemacht, wandte er ein, und ich als Junggeselle solle mich nur nicht zimperlich gebärden; so wählerisch habe er mich ohnehin nicht in Erinnerung. Ich begriff ihn trotzdem nicht. Freilich, er als glücklicher Ehemann konnte jederzeit von solch übelbeleumdetem Ort reumütig an den häuslichen Herd zurückkehren.
Der Abend nahte heran. Es war, wie Büchner sagt, so etwas Geschwindes in der Luft. Verstehen Sie das? Sie sind auf Dienstreise in einer fremden Stadt, haben Ihre Aufträge zur Zufriedenheit erledigt, und morgen früh soll Sie der Zug – ich bin kein autorisierter Dienstreisender – wieder an den vertrauten Schreibtisch bringen.

So genießen Sie noch einige Stunden der Freiheit, und das versetzt Sie in einen gewissen Übermut.

Ich muß wohl an jenem Abend sehr übermütig gewesen sein, denn ich fühlte mich von freventlichen Fleischeslüsten gekitzelt. Ohne es recht zu wollen, begann ich magische Kreise um die kleine Nebenstraße zu ziehen, die mir mein Bekannter vertraulich grinsend empfohlen hatte. Bei dem Versuch, mir die Angelegenheit auszumalen, verspürte ich ein leichtes Würgen in der Magengegend. Ein anständiger Mensch geht dort nicht hin, redete die eine innere Stimme. Papperlapapp, versetzte die andere, man muß alles mal probiert haben.

Da stand ich schon davor. Von außen unterschied es sich in nichts von einem gewöhnlichen Lokal. Es war ein Privatunter-

nehmen. Freilich, dachte ich, die HO meint, sie könnte ihren Ruf untergraben. Ich gab mir einen Ruck und trat ein. Es handelte sich – um ein Etablissement mit Damenbedienung. Die andern Männer, die ich erblickte, sahen brutal und gewöhnlich aus. Vielleicht war es auch nur Einbildung. Durch das Fenster beobachtete ich, wie draußen ein Wagen hielt und ein Herr mit Menjoubart ausstieg. Er kam herein, ging auf die Frau Wirtin zu und berichtete ihr leise, aber so, daß ich es deutlich hören konnte, er habe wieder ein neues Pferdchen aufgegabelt, blutjung ...

Dann näherte sich mir eine wasserstoffblonde junge Dame und erkundigte sich lächelnd nach meinen Wünschen. Skrupellos fragte ich erst nach dem Preis. Er war überraschend niedrig. »Bitte gedulden Sie sich einen Augenblick«, sagte sie und zwinkerte mir zu. »Was meinen Sie, was heute wieder für ein Betrieb ist!«

Ich will es kurz machen und nur erwähnen, daß es ein reichlich zähes Stück war. Als ich nach geraumer Zeit wieder auf der Straße stand, war mir speiübel zumute. Ich weiß genau, daß es ein pures Vorurteil ist, aber ich habe mir seit jenem Abend geschworen, nie wieder eine Roßfleischgaststätte zu betreten.

Heinz Quermann

Jetzt rasch die Kartoffeln aufsetzen

Was der Sendung »Zwischen Frühstück und Gänsebraten« vorausging

»Jetzt rasch die Kartoffeln aufsetzen« – so fing die Sendung »Zwischen Frühstück und Gänsebraten« an, die Margot Ebert und Heinz Quermann am 25. Dezember 1957 zum ersten Mal moderierten. Bis 1991 – das letzte Mal unter Federführung der ARD – ausgestrahlt, servierten die Entertainer und ihre Gäste immer am ersten Weihnachtstag zwischen 11 und 13 Uhr Heiteres und Vergnügliches.

Unseren ersten Zoff hatten meine Frau und ich Weihnachten 1956. Entgegen sonstigen Gewohnheiten war ich am 1. Feiertag spielfrei. Womit also die Zeit bis zum Festtagsbraten totschlagen? Die Gans, die in der Bratenröhre vor sich hinschmurgelte, war es schon längst.

Ich ging, wie meist, meiner Nase nach und landete folgerichtig in der Küche. Einmal, zweimal, mehrmals. Ruth wurde von Mal zu Mal ungehaltener, bis ihr der Kragen platzte.

Sie würde mich schon rufen, wenn es so weit wäre, rief sie, ich solle mich verkrümeln. Oder, noch besser, ich solle über eine Sendung nachdenken, die ich künftig am 1. Feiertag um diese Zeit machte. Dann könne sie in Ruhe den Gänsebraten besorgen.

Ich hob abwehrend die Hände. Eine Sendung zwischen Frühstück und Gänsebraten? So ein Unsinn. Wer soll sich denn das ansehen?

Die ganze Familie, sagte Ruth. Ob ich im Ernst glaubte, daß sie wegen der Gans in der Küche sei? Meinetwegen stünde sie mit der Schürze hier, um den Braten vor mir zu bewachen. Und so erginge es wohl vielen Hausfrauen in unserem Lande. In meinem Kopf ratterte es. Die Idee war vielleicht gar nicht so schlecht. Eine Sendung für die ganze Familie, nicht am Abend, sondern um die Mittagszeit.

»Dann müßten aber beide Gastgeber sein.«

»Eine Art Ehepaar sollte es schon sein«, sagte Ruth. »Aber wenn ich neben dir auf der Bühne stehe, kann ich nicht unsere Gans braten.«

Da hatte sie auch wieder recht.

»Und wen schlägst du vor?«

»Frag doch mal Margot Ebert. Die paßt viel besser zu dir.«

»Ruth!« Ich hob meine Stimme.

»Auf der Bühne, nur auf der Bühne. Und nun raus aus der Küche!«

So, Margot ...

Quermann: Jetzt möchte ich mal fünf Minuten mit Ihnen verheiratet sein.

Ebert *(empört)*: Aber Heinz!

Quermann. Nur im Sketch. Wir spielen eine Ehepaar.

Ebert: Ach so.

Quermann: Nehmen wir mal an, wir sitzen am Mittagstisch, und leider sind die Teller leer. Ich mache ein entsprechendes Gesicht. *(zieht einen Flunsch)*

Ebert: Sehr schön soweit. Aber woher wissen die Zuschauer denn, wann der Sketch zu Ende ist und wann sie lachen müssen?

Quermann: Wenn Günter Gollasch einen Tusch spielt.

Tusch. Quermann schüttet sich aus vor Lachen.

Ebert: Das war aber nur ein Probetusch.

Quermann: Ich habe ja auch nur probegelacht.

Ebert: Also gut, jetzt geht's los. Machen Sie wieder Ihr grimmiges Gesicht.

Quermann: Himmel, Arm und Zwirn.

Ebert: Heinz!

Alle Jahre wieder: Die Weihnachtssendung mit Margot Ebert und Heinz Quermann.

Quermann: Entschuldige das harte Wort »Zwirn«. Aber ich will jetzt endlich wissen, wann es heute was zu essen gibt.

Ebert: Schrei nicht so, ich bin nicht taub.

Quermann: Eine blöde Idee von dir. Alle Leute essen am heutigen 1. Weihnachtsfeiertag Gans – aber wir essen Karpfen.

Ebert: Jawohl, und zwar ganz frisch aus der Badewanne.

Quermann: Herrlich, so konnten wir zu Weihnachten nicht mal baden.

Ebert: Wir baden jeden Tag.

Quermann: Aber seit einer Woche nicht mehr, weil in unserer Wanne der Fisch badet.

Ebert: Und zum Schlachten eines Karpfens benötigt man ein Messer und keinen Waschlappen.

Quermann: Jawohl. *(Nachdem er die Anspielung begreift:)* Oh! Du bist an allem schuld. Und nun wirst du auch noch frech. Warum holst du nicht den Karpfen heraus?

Ebert: Das ist Männersache.

Quermann: Ich denke, ihr Frauen seid gleichberechtigt?

Ebert *(singt):* O Tannenbaum, o Tannenbaum, das Karpfenessen war ein Traum.

Quermann: Du singst, und ich soll das arme Vieh ermorden!

Ebert: Unsinn. Ein Karpfen ist doch kein Mensch.

Quermann: Sage das nicht. Unser Karpfen erinnert mich immer an Günter Gollasch. Wenn der Klarinette bläst, macht er auch immer so eine Karpfenschnute. Ich kann auf Günter nicht mit'm Messer losgehen. Außerdem will ich endlich mal wieder baden.

Ebert: Tu's doch. Wenn du in die Wanne steigst, lacht sich der Karpfen vielleicht tot.

Quermann: Ein liebes Frauchen bist du, zartbesaitet wie eine Violine.

Ebert: Darum hast du mich ja auch geheiratet.

Quermann: Heute wär mir lieber, du wärst eine Trompete.

Ebert: Warum?

Quermann: Da kann man wenigstens das Mundstück entfernen.

Ebert: O ... ich koche ... backe ... brate ...

Quermann: Ja, aber nicht den Karpfen! *(brüllt)* Ich will jetzt was zu essen haben, und dann will ich baden!

Ebert: Kannst du alles haben, liegt nur an dir.

Quermann *(grimmig):* Na schön! Ich habe also keine andere Wahl. Mein Entschluß steht fest. Was sein muß, muß sein!

Ebert *(strahlt):* Liebling, du bist ja doch ein Held. Fängst du jetzt den Karpfen?!

Quermann *(stolz ab):* Nein, ich kaufe eine neue Badewanne.

3. Kapitel

Lernen, lernen, nochmals lernen

Als wir Schüler und Pioniere waren

Sätze wie Kläuschens Oma sie hier ausspricht, sind gewiß so alt wie die Schule selbst: »Heutzutage taugt die Erziehung reinweg gar nichts mehr!« Tatsächlich brachte das Jahr 1958 Neuerungen, die Verwunderung bei der Oma ausgelöst haben dürften. Schon 1949 war das **Gesetz über die Demokratisierung der deutschen Schule** erlassen worden, auf dessen Grundlage die als Einheitsschule bezeichnete achtjährige Grundschule aufgebaut wurde. Nicht mehr nur um Wissenserwerb geht es, fächerübergreifend soll die **praktisch-umgestaltende Tätigkeit** geübt und die Liebe zur Arbeit geweckt werden. 1958 wird nun in der Oberstufe ein wöchentlicher **Unterrichtstag in der Produktion** eingeführt. Den theoretischen Teil liefert das Schulfach ESP – **Einführung in die sozialistische Produktion in Industrie und Landwirtschaft.** Auch in der Unterstufe gibt es mit Schulgarten- und Werkunterricht eine **polytechnische Ausbildung**. Schwierigkeiten anderer Art hat Frau Kulicke aus Paul Blanks Geschichte. Die stets fröhlichen, lernbegierigen, hilfsbereiten **Pioniere** – so jedenfalls sollte es sein! – strapazieren ihre Nerven. Fritz Bernhard stellt uns einen anstrengenden Erziehungsberechtigten, sprich Vater, vor, mit dem jede Familienfeier zur Tortur wird.

Ottokar Domma

Die Prüfung

Kleopatra Hagedorn, ein sechzehnjähriges Schulmädchen, stand vor der Prüfungskommission der polytechnischen Oberschule. Die Herren, welche nun schon drei Tage die geistige Substanz der Prüflinge fast ohne Unterbrechung strapazierten, schienen infolge Verminderung des Energiepontentials und Ansammlung von sauren Stoffwechselprodukten in den Nervenzellen nicht mehr ganz auf der Höhe ihrer geistigen Frische.

Das Kind dagegen war sichtlich aufgeräumt, es verriet nicht die geringsten Anzeichen von Prüfungsangst, und auch die von ihm in strenger Selbstkontrolle durchgeführte Pulsmessung drei Stunden vor der Prüfung zeigte einen ganz normalen Messungswert.

Während Kleopatra, auf die nächste Frage wartend, nachdenklich ihre lackierten Fingernägel betrachtete, knisterte Schulrat Schnepf, der als Ehrenexaminator den Vorsitz führte, nervös mit einigen Papieren, lächelte dann onkelhaft und fragte mit der Temperatur eines mittelmäßig funktionierenden Kühlschrankes: »Na schön, mein Kind, in der Petrochemie sowie auf dem Gebiet der Faser- und Plastenherstellung muß man deine Leistungen anerkennen. Aber nun denn aufgepaßt: Sage mir einmal, mein Täubchen, worin wohl das Prinzip der Steuer- und Regeltechnik besteht.«

»Liebe Muttis und Vatis, die Schule hat euch heut eingeladen ... um für Gardinen zu sammeln.«

Das Täubchen besann sich keine drei Sekunden, machte eine viertel Umdrehung auf seinen Stöckelschuhen, um sein fotogenes Profil ins rechte Licht zu setzen, und sprudelte dann etwa zehn Minuten mit versierter Zwerchfellatmung über Meß-, Steuerungs- und Regelungstechnik, erklärte auf hydraulischer, pneumatischer, elektrischer und elektronischer Grundlage. Gerade wollte es sich anschicken, in einer groben Faustskizze die wichtigsten Antriebs- und Übertragungsmechanismen zu umreißen, da winkte der Vorsitzende kulant ab.

»Schon gut, schon gut, mein Töchterchen. Ähem, noch eine Frage, meine Herren Kollegen?«

Die so Angesprochenen blickten unendlich müde auf das Töchterchen, dann auf den Schulrat und gaben mit sparsamen Gesten zu verstehen, daß sie genug wüßten.

Ganz beiläufig fragte nun der Herr Schulrat, angeregt durch das Stichwort »Hartmetalldrehstähle«, aus welcher Legierung sich zum Beispiel Vidia zusammensetze.

Die Examinandin erwiderte ebenso beiläufig, daß es sich um eine Wolframlegierung handele, die sich aus fünfundzwanzig Prozent Kobalt, bis zu elf Prozent Eisen, aus fünf bis acht Prozent Kohlenstoff, vierzehn Prozent Titan, im Höchstfalle sechs Prozent Nickel und, wenns viel ist, aus nullkommavier Prozent Vanadium zusammensetze. Im übrigen erschien ihr diese Frage reichlich albern, denn wer täglich mit Drehstählen umgeht, weiß das im Schlaf.

Die Nerven der Kommission nickten darum auch schläfrig. Lediglich der Geschichtslehrer fragte, wie aus einem schweren Traum erwachend: »Wenn ich dir nun die Jahreszahl 1492 nenne, was fällt dir dabei ein?«

»Ach, ich verstehe, Sie meinen Christoph Kolumbus, die Entdeckung Amerikas ...«

»Jajajajaja, und nun erkläre mir einmal, vom heutigen Standpunkt der Wissenschaft aus gesehen, weshalb Kolumbus so ein altmodisches Segelschiff benutzen mußte?«

»Ganz einfach«, lächelte das Kind monalisisch und sprach etwa zehn Minuten lang über Gesetze der Hydrostatik, der Hydrodynamik, der Theorie der Wellenbewegung, der Viskosität der Flüssigkeiten und einige andere Wissensgebiete, worüber Kolumbus nichts wissen konnte, da es zu jener Zeit noch keine polytechnischen Schulen gab. Im Zeitalter der Sputniks jedenfalls machten Segelschiffe einen geradezu wellenschänderischen Eindruck, konstatierte das Kind.

Schulrat Schnepf gähnte verhalten und war geneigt, das Examen abzubrechen. Doch diese geringschätzigen Worte Kleopatras über Segelschiffe riefen wider Erwarten den Turnlehrer auf den Plan, der bislang still in der Ecke saß und Däumchen kreiselte. Turnlehrer Stramm, muß man wissen, ist ein passionierter Segelsportler, weshalb er eine halbe Rumpfbeuge nach vorne schnellte und inquisitorisch die Fangfrage des Tages der Examinandin vor den Petticoat warf: »Wie hoch ist das Atomgewicht von Wasserstoff?«

Der Aktivist Adolf Hennecke ist Ehrengast in einer Schulveranstaltung. Ein Schüler trägt »Die Glocke« von Schiller vor. Hennecke rutscht gelangweilt auf seinem Stuhl hin und her. Als ihn der Schuldirektor später fragt, wie es ihm gefallen habe, sagt Hennecke: »Nun, es war alles sehr schön, nur dieses Gedicht von der Glocke ... So ein langer Riemen ist doch gar nicht nötig. Der Glockenbau wäre doch auch einfacher gegangen: ›Loch in Erde! Bronze rin! Glocke fertig! Bim-bim-bim!‹«

Kleopatra wandte dem Fragesteller ihr einwandfreies Make-up zu, kräuselte ironisch die hübschen Lippen und sagte, wie man normalerweise die Zeit angibt: »Einskommanullnullneun natürlich!« Das war eine verhängnisvolle Antwort. Einen Augenblick herrschte über den Klubsesseln des Zimmers knisternde Stille, daß man die Bronchien des betagten Hausmeisters vom Schulhof heranpfeifen hörte. Und als diese offensichtlich falsche Ungeheuerlichkeit endlich Zugang zu den Windungen der Großhirne der Examinatoren gefunden hatte, war es mit ihrer bis dahin vornehm geübten Zurückhaltung vorbei. Sechs Köpfe perpendikelten im Radius bis zu hundertachtzig Grad, um so ihr Mißfallen auszudrücken. Doch alle warteten sie, einem pädagogischen Grundsatz folgend, ob das Mädchen sich selbst korrigieren würde.

Die Herren bemerkten mit Wohlgefallen diesen Durchblutungsvorgang im Antlitz des Mädchens, nickten freundlich und entließen das geplagte Kind mit der uralten Liebenswürdigkeit, daß es sich tapfer geschlagen habe.

Kleopatra, der die Revolte in den Schaumgummisesseln nicht entgangen war, ließ im Geiste noch einmal die paar hundert chemischen Elemente von Actinium bis Zirkonium Revue passieren und fand schließlich nach einer kurzen Besinnung auf das Mendelejewsche Periodensystem sehr rasch heraus, daß das Atomgewicht des Hydrogeniums eigentlich nur einskommanullnullacht beträgt, was sie dem Grermium tief errötend mitteilte. Die Herren bemerkten mit Wohlgefallen diesen Durchblutungsvorgang im Antlitz des Mädchens, nickten freundlich und entließen das geplagte Kind mit der uralten Liebenswürdigkeit, daß es sich tapfer geschlagen habe.

Als Vater Hagedorn wenige Tage später das glänzende Zeugnis seiner Tochter Kleopatra in Händen hielt, drängte es das alte Vaterherz, der Schule zu danken. Er nahm einen Briefbogen und schrieb bewegt: »Meine sehr verehrten Herren, viel Wissenswertes und Lebenstüchtiges haben Sie meiner Tochter beigebracht. Ich verneige mich vor Ihnen. Nun wünsche ich für meine alten Tage nichts weiter, als daß Sie, meine verehrten Herren, ein klein wenig mehr Mühe darauf verwendet hätten, Kleopatra verständlich zu machen, daß es außer Schlagern auch noch Musik gibt und ein Gartenzwerg nicht die größte Leistung der bildenden Kunst unseres Jahrhunderts ist.«

Eulenspiegeleien

Fritzchen geht in Berlin-Friedrichshain zur Schule. Der Lehrer fragt im Geschichtsunterricht, wer die 4 Besatzungsmächte sind. Fritzchen meldet sich: »Das sind die sowjetischen Freunde, die Amerikaner, die Engländer, die Franzosen … aber wieso vier? Mein Vater spricht immer von fünf Besatzungsmächten.« – »So«, fragt er Lehrer, »welches ist denn die fünfte?« Drauf Fritzchen: »Die Sachsen.«

größere Wohnung brauchen. Mit den für dieses Jahr geplanten 55 Ausbauwohnungen können wir fast alle Probleme der FDJler lösen, die überhaupt keine haben.

Die FDJ sucht

Die Grundeinheit der FDJ sucht die ihr anläßlich des Wilhelm-Pieck-Aufgebotes verliehene Fahne, die sie als beste Grundeinheit des Bezirkes erhielt. Am letzten Mai, das war am 1. 3. 1957, hatten wir sie noch mit, als wir unsere Freunde bei der Nationalen Volksarmee besuchten. Seitdem ist uns nicht mehr bekannt, wo sie sich befindet. Wir suchen sie heute schon deshalb, damit wir sie haben, wenn wir wieder mal in die Kaserne zu Besuch fahren.

Sollte jemand wissen, wo wir sie liegengelassen haben und wo wir sie abholen können, den bitten wir, uns durch das Telefon Nr. 403 zu verständigen.

FDJ-Grundeinheit

Pioniergeburtstag – Immer bereit, Freunde. Endlich mal eine Gelegenheit, mit euch ins Gespräch zu kommen.

Hans Seifert

Wie die Alten sungen

Abends. Jeder ist mit sich selbst beschäftigt. Der Vater genießt eine Trägheitsphase seines Geistes bei einer guten Zigarre, die Mutter löst ein Kreuzworträtsel, und Sohn Kläuschen sitzt über den Hausaufgaben. Plötzlich klingelt es draußen Sturm.

»Das ist sicher Bruno mit seiner Frau!« brummt der Vater ärgerlich. »Die haben uns gerade noch gefehlt!« seufzt die Mutter. »Schade um den gemütlichen Abend.«

»Geh hinaus und sag durch den Briefkastenschlitz, daß du allein in der Wohnung bist«, fordert der Vater Kläuschen auf, als es ein zweites Mal noch stürmischer klingelt. »Sag so: Meine Eltern sind auf einen Sprung zu Schramms gegangen, ich weiß nicht, wann sie wiederkommen!«

Danach schirmt sich der Vater unter einer dichten Tabakswolke ab. Kläuschen ist ein braves Kind; er steht auf und tut, wie ihm geheißen.

*

Oma Veronika hat das Kläuschen übern Sonntag zum Mittagessen eingeladen. Es gibt Schweinebauch mit Sauerkraut und hinterher Schokoladenpudding. Kläuschen futtert munter drauflos und plappert der Oma zwischendurch allerhand über seine kleinen Erlebnisse vor. Nach dem Essen schießt er vergnügt Purzelbäume in der Stube und spielt auch noch ein bißchen im Garten. Dann muß er wieder nach Hause.

Beim Abschied drückt ihm die Oma ein Zweimarkstück in die Hand, wobei sie dem Kläuschen einschärft: »Brauchst aber Vaddern nix von sagen! Womöglich denkt er, ich verwöhn dich zu arg. Sagst einfach: Ich hab mirs vom Taschengeld abgespart!« Kläuschen verspricht das der Oma; sie ist ja immer so gut zu ihm.

*

Eines Tages begegnet Kläuschen auf der Straße Onkel Persekke. »Hallo, mein Kleiner!« ruft der Onkel schon von weitem. »Wohin soll die Reise denn gehen?«

»In den Konsum!« erklärt Kläuschen gewichtig. »Ich muß für Mutti Seifenpulver einkaufen!«

»Da wüßt ich was Besseres!« lacht der Onkel. »Komm, ich zeig dir die kleinen Zicklein, die gestern in unserem Stall auf die Welt gekommen sind. Möchtest du?«

Klaus, der kleine Sohn von Parteisekretär Lehmann, sitzt unterm Tisch und ahmt Motorengeräusche nach. »Was machst du denn da?« fragt die Mutter. »Ich fahre mit meinem Mercedes«, sagt Klaus. »Was fällt dir ein«, schimpft die Mutter, »weder in der DDR noch in einem anderen sozialistischen Land wird so ein Auto produziert!« – »Leider nicht«, sagt Klaus, »aber wenn ich mir schon ein Auto ausdenken muß, werde ich mir doch keins aus der volkseigenen Produktion vorstellen!«

Kläuschen möchte schon, aber: »Mutti wartet doch ...«, druckst er herum.

»Ach was!« beruhigt ihn der Onkel. »Mach dir darum keine Sorgen; das Seifenpulver läuft uns nicht davon. Sagst der Mutti, im Konsum sind viele Leute gewesen, du hättest lange warten müssen. Dann kann dir gar nichts passieren!«

Das leuchtet Kläuschen ein, und er ist zum Mitgehen bereit. »Einen solch guten Onkel hat nicht jeder«, denkt er fröhlich.

*

Festliche Stimmung im Bau. Vater feiert seinen Fünfzigsten im Kreise der Verwandtschaft.

»Nanu!« wundern sich alle. »Wo steckt denn eigentlich unser Kläuschen?«

»Der Bengel darf nicht mitfeiern!« erklärt der Vater streng. »Zur Strafe, weil er gelogen hat. Die Schule hat er geschwänzt und tags darauf dem Lehrer frech vorgeschwindelt, er hätte sich den Fuß verknackst. Was sagt ihr dazu?«

»Wie es scheint«, meint Oma nachdenklich, »taugt die Erziehung in der Schule heutzutage reinweg gar nichts mehr!«

Und Onkel Persecke brummelt erstaunt: »Woher der Junge die Lügerei bloß hat?«

»Weiß der Teufel!« dröhnt der Vater wütend mit der Faust auf den Tisch, daß richtige kleine Fontänen aus den Weingläsern emporspritzen. »Man steht da direkt vor einem Rätsel!«

Paul Blank

Klein – aber gemein!

»Diese Jungen Pioniere«, sagte Frau Kulicke neulich düster, »was die alles anstellen! DA STECKT DOCH WAS DAHINTER! Das kann nicht gut gehen.«

Es ist in der Tat an der Zeit, die UMTRIEBE UND MACHENSCHAFTEN dieser von Frau Kulicke so mißtrauisch betrachteten Organisation einmal energisch unter die Lupe zu nehmen und die Öffentlichkeit darüber aufzuklären, was von dieser Seite her droht.

Rein äußerlich erkennt man Junge Pioniere an den blauen Halstüchern, die sie gelegentlich, aber nicht immer tragen, und dem Wort »Seid bereit!«, mit dem sie sich begrüßen. Aber das ist nicht alles, was sie tun. ES KOMMT NOCH SCHLIMMER.

Sie klingeln manchmal an den Türen von Rentnern, Kranken oder alten Leuten, ohne dazu aufgefordert worden zu sein, und erbieten sich ganz ungeniert, Einkäufe zu besorgen, Kohlen zu holen oder anderweitig in den Haushalt einzugreifen. Und warum? NATÜRLICH NUR AUS LANGERWEILE, um ihre Freizeit irgendwie totzuschlagen. Und manche Leute bedanken sich sogar noch bei ihnen für ihre sogenannten guten Taten! Aber andere, wie Frau Kulicke, behalten einen klaren Kopf und sagen sich: Nanu, DA MUSS DOCH WAS DAHINTERSTECKEN?

Die Pioniere tanzen rum und singen und treiben Sport, als ob sie schon erwachsen wären.

Und es steckt bestimmt was dahinter, wie Frau Kulicke schon sagte. WAS GEHT ES ZUM BEISPIEL DIE JUNGEN PIONIERE AN, ob Frösche ihre Nasenlöcher durch Lappen verschließen können oder nicht? Oder ob Eulen unverdaute Speisereste tatsächlich ausspucken? Und um das rauszukriegen, gründen diese Jungen Pioniere sogar Arbeitsgemeinschaften und nennen sich anmaßend »Junge Naturforscher«. ANDERE WIEDER SCHNÜFFELN in der Chemie und Physik herum, bauen Radiogeräte und mischen höchst verdächtige Mixturen aus verschiedenen Chemikalien zusammen, anstatt »Räuber und Schandarm« zu spielen. Das sind die »Jungen Techniker«. Wieder andere – die »Jungen Astronomen« – begucken sich abends die Sterne und interessieren sich sogar für die Temperaturen auf dem Mars, ANSTATT ZEITIG ZU BETT ZU GEHEN und pünktlich ihr Nachtgebet zu sprechen. Alles Dinge, die man mit gebührendem Mißtrauen betrachten muß. Denn SO WAS GAB ES FRÜHER NICHT.

Da waren die Kinder nicht so neugierig und vorwitzig. Da
steckt bestimmt etwas dahinter. Wie Frau Kulicke schon
sagte.

Und dann diese sogenannten Pionier-Regeln über Höflichkeit,
Anstand, Vorbilder, gutes Lernen und lauter solche Sachen.
DA TRAUT MAN SICH ALS ERWACHSENER GAR NICHT MEHR, auf der
Straße ein paar Schlager zu singen, wenn man mal etwas
Bier getrunken hat. Weil sonst viel-
leicht die Jungen Pioniere den Kopf
darüber schütteln würden. Dabei
geht sie das nichts an! WO GIBTS
DENN SO WAS!

Überall stecken sie ihre Nase rein.
Wenn zum Beispiel Paulchen
Schmidt mit dem großen Einmaleins
nicht fertig wird und immer über 7 x
13 stolpert, dann kommt das Lern-
aktiv und sagt: »Paulchen, SO GEHT
DAS NICHT WEITER! Wir werden uns
mal zusammensetzen und die Sache
in Ordnung bringen.« Wozu ist denn
eigentlich die Schule da? DA STIMMT
DOCH ETWAS NICHT!

Und dann dieses Wandern – Touri-
stik sagen sie sogar dazu! – mit Zelt-
lagern und Lagerfeuern, wo sich ein
gut veranlagtes Kind doch nur den
Schnupfen holen kann. Sogar ein
Pionierschiff haben sie und eine eigene Pionier-Republik! Das ist ja direkt
Separatismus. Da tanzen sie dann

*Wer klug ist, Lottchen, merke dir,
der liest den „Jungen Pionier"!*

rum, singen und treiben Sport, ALS OB SIE SCHON ERWACHSEN
WÄREN!

»So was gehört sich nicht«, sagte Frau Kulicke. Und dann
sagte sie noch ganz traurig: »Was soll bloß werden, wenn die
mal groß geworden sind?«

DA STECKT BESTIMMT WAS DAHINTER!

Achim Fröhlich

Die Enttäuschung

An einer Straßenecke irgendwo in Berlin. Drei junge Burschen, mit dem Rücken an eine Hauswand gelehnt, blicken schweigend den vorüberfahrenden Autos nach. »Wat hast du'n heute, Pille?« bricht schließlich Atze das Schweigen. »Wat machst'n für'n sauret Jesichte?« – »Meine Brumme, die Moni«, winkt der Angesprochene resigniert ab, »die Moni hat mia verlassen!« – »Hast du ihr denn so jeliebt?« erkundigt sich Keule. »Heiß!« – »Haste ihr denn deine Liebe jestanden?« – »Na, klar hab ick det!

›Puppe‹, hab ick erst neulich jesacht, ›du bist eine janz scharfe Ische!‹« – »Da isse dia nich jleich in die Arme jehopst, wo du dir so uffjedrängt hast?« empört sich Atze. »Eben nich! Ick hab mir eben in die Frauen jeirrt!« Pilles Miene drückt tiefe Enttäuschung aus. »Mein Leben is nun zerstört!« – »Und wat machste nu?« – »Ick bleibe einsam und ledig ... bis an mein Lebensende!« – »Würd ick nich machen an deine Stelle«, schaltet sich Keule wieder ein. »Willste nich ooch mal ne Familie gründen?« – »Dazu hab ick nu keene Lust mehr!« Pille macht eine abwehrende Handbewegung. »Ick hab Monin beinahe so jeliebt wie mein Moped, aber ick hab mia jeirrt!« – »Nimmste ehm ne andere«, schlägt Atze vor. »Det ick mir noch mal irre, wa? Nee, bei mir nich!« – Aber is doch noch nich zu spät! Wie alt bist'n?« – »Siebzehn!« – »Da findste doch noch bestimmt ne neue Kleene!« – »Möjlich«, räumt Pille ein, »aber denkste

»Machst du eigentlich die Jugendweihe mit, Elli?« – »Nee, das ist meiner Mutter zu riskant. Tante Marta hat mich im Testament berücksichtigt, und die Oma hat ein paar Tausender auf der hohen Kante.«

vielleicht, ick will, det meine Kinder nachher so eenen ollen Vata ham!« – »Haste ooch recht«, unterstützt ihn Keule, »aber eventuell haste deine Moni falsch behandelt? Wat hast'n ihr so jeboten?« – »Ick hab ihr öfter mit meine Maschine mitjenommen! Und an meine Koffaheule hab ick sie auch immer horchen jelassen!« – »Da wunder ick mir aba, det se dir hat sitzen jelassen!« – »Vielleicht kommt'se aber doch wieder zu dir zurick?« vermutet Atze. »Jloob ick nich! Det war zu deutlich, wat se zum Abschied zu mia jesacht hat!« – »Wat hat sie dir'n jesacht?« – »Schluß mit unsre Liebe, Pille«, hat'se jesacht. »Jetzt muß ick mir erst mal hinter die Bicha klemmen, sonst schaff ick die achte Klasse nich!«

Fritz Bernhard

Der unkonkrete Tannenbaum

»Meine liebe Frau! Liebe Kinder!« holte der Kritiker Peterkarl Busonius zu seiner Weihnachtsansprache aus, die er, neben dem Lichterbaum stehend, alljährlich an die vor ihm angetretene Familie richtete. »Soeben haben wir miteinander ein Lied gesungen, dessen Worte uns allen von frühester Kindheit an wohl vertraut sind und das zu dem Lichterbaum gehört wie sein Nadelkleid. Aber haben wir uns auch einmal Gedanken über die Worte gemacht, ich meine, sind wir auch einmal kritisch an das herangegangen, was wir von unseren Eltern übernommen haben? Nein, meine Lieben, das sind wir nicht. Was haben wir soeben gesungen?«

»Männe, faß dich kurz«, meinte Frau Busonius, »ich habe die Kartoffeln für den Heringssalat auf dem Feuer.«

»Laß in dieser andachtsvollen Stunde deine Kartoffeln, Hildegard, und höre zu«, erwiderte der Kritiker tadelnd. »›O Tannenbaum‹ haben wir gesungen – Ruhe, unterbrecht mich nicht immerzu! Wir begingen, sage ich, schon in diesen zwei Worten einen Fehler, einen Pleonasmus. Denn daß eine Tanne ein Baum ist und kein Säugetier, ist doch wohl einleuchtend. Es würde also völlig genügen zu sagen, Bartholomäus, schiele nicht nach den Geschenken, sondern antworte! Was zu sagen würde völlig genügen?«

»›O Tanne‹, Papa«, sagte Bartholomäus, der Älteste nachdrücklich.

»Es würde genügen und wäre dennoch falsch«, fuhr der Kritiker fort, »denn nicht Tannen sind es gemeinhin, die uns als Weihnachtsbaum dienen, sondern, Philippine, laß den Hund zufrieden, solange ich spreche. Was ist es vielmehr, das uns als Weihnachtsbaum dient?«

»Kiefern, Papa«, sagte Philippine und setzte den Hund auf den Boden.

»Unsinn, Fichtenspitzen sind es. Wir würden also richtigerweise singen, Fürchtegott, nimm die Hand aus der Hosentasche. Wie würden wir richtig singen, Fürchtegott?«

»›O Fichtenbaum‹, Papa.«

»Es sind genau 46317698638 ...«

»Nicht Baum, Dummkopf, sondern?«

»›O Fichte‹, Papa.«

»Gut. Weiter. Es heißt in der zweiten Zeile: ›Wie grün sind deine Blätter‹, und wieder haben wir Anlaß zu ernster Kritik. Daß der Autor von Blättern spricht, obwohl die Tanne bekanntlich zu den Koniferen oder Nadelhölzern zählt, ist gerade himmelschreiend. Noch schwerwiegender aber scheint mir die Formulierung ›wie grün‹, denn sie setzt voraus ... Daß du mir jetzt aber endlich das Lutschen am Bonbon unterläßt, Eulalie!«

»Wo soll ich denn hin damit?« widersprach die Jüngste.

»Gib ihn dem Hund und höre zu. Die Formulierung ›Wie grün sind deine Blätter‹ will besagen, daß die Blätter sehr grün sind. Das aber setzt voraus, daß man eine Farbe steigern kann. Die Komparation von Farbtönen ist jedoch Nonsens. Es ist etwas grün oder hellgrün, oder dunkelgrün, niemals aber grün, grüner oder am grünsten. So hätte der Autor also richtig sagen müssen, Eulalie, du lutschst ja immer noch. Und zwar woran?«

Daß eine Tanne ein Baum ist und kein Säugetier, ist doch wohl einleuchtend.

»An meinem Zahn, Papa«, sagte die Kleine, »soll ich den auch dem Hund geben?«

»Nein, zuhören sollst du. Wie muß das Lied richtig beginnen, Bartholomäus?«

»›O Fichte, o Fichte, deine Nadeln sind grün‹, Papa«, sagte der Älteste.

»Richtig«, lobte der Kritiker, »da es aber eine Selbstverständlichkeit ist, daß die Nadeln der Fichte grün sind, ist die gesamte Aussage hinfällig und hätte längst dem Rotstift zum Opfer fallen müssen. Was folgt hieraus? Es folgt, daß der Autor unseres schönen Liedes leider sehr unkonkret, sehr oberflächlich gearbeitet hat, so daß der kritische Sinn den Eindruck gewinnt, daß er, als er die Verse niederschrieb, gar nicht recht bei der Sache war. Und dennoch, ihr Lieben, haben wir das Lied gesungen.«

»Aber Papa«, unterbrach die Jüngste, »wir haben doch ...«

»Du sollst nicht immer dazwischenreden«, wurde der Redner böse, aber da Eulalie einen Flunsch zog, lenkte er ein: »Was haben wir doch?«

Da rief die ganze Familie: »Wir haben doch ›O du fröhliche‹ gesungen!«

4. Kapitel

Was des Volkes Hände schaffen

Wir Werktätigen in Stadt und Land

Das **Nationale Aufbauwerk** prägt die 50er Jahre. 1952 ins
Leben gerufen, begleitet diese Initiative zur Leistung von
freiwilligen und unentgeltlichen **Aufbaustunden** den Bau von
Schulen, Kulturhäusern, Sportstätten, Tierparks, Wohnungen
und industriellen Großprojekten. Die Freiwilligkeit ist in durchaus unterschiedlichem Maß vorhanden, und wer trickreich vor-
geht, wie es hier in einem Sketch aus einem Programm der
Leipziger Pfeffermühle nachzulesen ist, kann schon mal
ohne Leistung zum Nutznießer werden. Auch der Rostocker
Überseehafen, für den im Oktober 1957 der erste Spatenstich
erfolgt, entsteht mit Hilfe zahlreicher Aufbauhelfer. **Steine für
Rostock** heißt die landesweite Kampagne. 1958 legt die
Chemiekonferenz die neuen Schwerpunkte für die Entwick-
lung der Industrie fest. Das Gesetz über die Verkürzung der
Arbeitszeit leitet die schrittweise Senkung der **48-Stunden-
Arbeitswoche** auf 45 Stunden ein. Das Problem der Abwande-
rung qualifizierter Arbeitskräfte in den Westen bleibt, auch
Bauern flüchten, um sich dem **sozialistischen Frühling**, der
Bildung von Landwirtschaftlichen Produktionsgenossenschaf-
ten, zu entziehen. 1957 ist es ein knappes Viertel der landwirt-
schaftlichen Nutzfläche, das von LPGen bewirtschaftet wird.

Hans-Werner Tzschichhold

Der Direktor entscheidet

Kollege Dreikant holt tief Luft, rückt seinen Schlips in die richtige Lage und drückt mit verzweifelter Entschlossenheit auf die Türklinke. Er tritt mit einer leichten Verbeugung ins Zimmer, geht aufrecht den schier endlosen Velourläufer entlang und tritt vor den Schreibtisch des Direktors. »Bitte setzen Sie sich«, sagt der Direktor, »was haben Sie, Kollege Dreikant?«

»Ich hatte Ihnen aber gleich gesagt, daß er heute etwas gereizt ist.«

»Als erstes einen Vorschlag des Transportarbeiters Klunke, ein Transportband an der letzten Maschine aufzustellen. Das würde wesentlich dazu beitragen …«

»… die Kosten zu erhöhen. Ich weiß, ich weiß. Was sollen solche abwegigen Vorschläge? Klunke hat keine Übersicht, keine Erfahrungen. Solche Experimente können uns viel kosten. Nein, wir müssen sparen!«

»Das würde aber zum Punkt Mechanisierung im Betriebskollektivvertrag …«

»Ah, und das sagen Sie erst jetzt?! Mechanisierung – das ist was anderes. Der erste Schritt zur Einführung der modernen Technik. Da gibt es keinen Zweifel. Da stimme ich zu. Weiter!«

»Ingenieur Büttner fragt an, ob man die Maschinen in der mechanischen Werkstatt nicht dergestalt umsetzen kann, daß …«

»Maschinen umsetzen? Was sollen solche Hirngespinste? Der Mann hat keine Ahnung, was das kostet. Und der Effekt? Nein!«

»Durch den Vorschlag würde aber die Arbeitsorganisation erheblich verbessert.«

»Die Arbeitsorganisation? Ach ja, natürlich. Unschätzbare Hilfe im Ringen um die Planerfüllung. Genehmigt! Was noch?«

»Die Brigade im Kesselhaus verlangt warmes Wasser.«

»Was? Warmes Wasser? Haben Sie immer warmes Wasser? Was man heutzutage nicht alles verlangt. Früher war nicht mal kaltes Wasser da. Sparen müssen wir, sparen! Zurückweisen!«

»Ich meine aber, weil wir im Bericht an die Regierung festgelegt haben, daß die Sorge um den Menschen …«

»Ach sooo, Sorge um den Menschen. Untrennbar verbunden mit der Produktion. Regeln Sie die Sache! Noch was?«

»Ja. Obermeister Franzke braucht für die Werkzeugausgabe eine versierte Kraft. Er schlägt die Kollegin Obenauf vor.«

»Kollegin Obenauf? Kenn ich doch … dies junge Küken für eine so verantwortliche Stelle? Nein, lieber Dreikant.«

»Aber der Frauenausschuß befürwortet …«

»Der Frauenausschuß mischt sich in Dinge, die ihn – na, wissen Sie! Nein!«

»Aber im Frauenförderungsplan, Kollege …«

»Ach so, ja. Natürlich der Frauenförderungsplan – gut, gut! Einverstanden! Schluß?«

»Noch einen Vorschlag, die Selbstkosten zu senken. Nach beigegebenen Berechnungen werden sechstausendachtundfünfzig Mark eingespart werden können.«

»Phantastisch! Endlich ein konkreter Vorschlag. So stelle ich mir Verbesserungsvorschläge vor. Wie heißt der Mann?«

»Kollege Koch.«

»Kollege Koch?«

»Ja. Kollege Koch, Ihr Kraftfahrer. Er schlägt vor, die Privatfahrten Ihrer Frau und Ihrer Töchter abzuschaffen.«

> Anfrage an den Sender Jerewan: Gibt es eine marxistisch-leninistische Definition für das Auto? Antwort: Im Prinzip ja. Das Auto ist ein Fahrzeug auf vier Rädern, in dem das werktätige Volk in Gestalt seiner frei gewählten Vertreter fährt.

Petri Heil!

B. Was machst du denn da?

A. Siehste doch – ich angle.

B. Was machst du?

A. Ich angle!

B. Wonach?

A. Nach 'ner Wohnung.

B. (lachend) Nach was für einer Wohnung?

A. 3 Zimmer – Bad – Innenclosett – Südseite!

B. Und du meinst, daß du dir eine angeln kannst??

A. Blöde Frage! Bei meinem Köder!

B. Soooo? Was hast du diesmal für einen Köder?

A. Na hier! (weist darauf)

B. (liest) »100 Stunden Aufbauarbeit« – (erstaunt) Was??? Du hast 100 Stunden Aufbauarbeit???

A. Freilich!

B. Großartig!! Und schon alles erfüllt???

A. Quatsch! Verpflichtet!

B. Aber mit der Verpflichtung ist doch noch gar nichts getan!

A. So?!

B. Na ja, eine Verpflichtung hat doch erst dann Sinn, wenn sie wirklich erfüllt wird.

A. Ach nee! – Dann sind aber viele Verpflichtungen sinnlos.

B. Du willst doch nicht etwa sagen, daß …

A. Doch! – Frag doch mal die Leute da unten.

Gerhard Rutsch

Günter Krone

Der Beste

Alles, was Rang und Namen hatte, war da: der Werkleiter, der Technische und der Kaufmännische Direktor, der Leiter der Abteilung Arbeit, der Produktionsleiter, der Hauptbuchhalter und der BGL-Vorsitzende. Als fast alles besprochen worden war, stand noch eine Prämie von zweihundert Mark zur Debatte, die an einen Kollegen der Werkleitung gezahlt werden sollte, der sich ein besonderes Verdienst erworben hatte.

»Na Kollege! Noch nicht vom NAW gehört?«

»Kollegen«, sagte der BGL-Vorsitzende, »die Prämie zu teilen, hat keinen Zweck, aber wem soll man sie geben? Jeder der Anwesenden war meines Erachtens so tüchtig, daß er sie wohl verdient hätte. Meiner Ansicht nach sollten wir sie demjenigen zubilligen, der außerhalb seiner Arbeit zusätzlich eine gute Tat vollbringt. Nebenan wird ein Kindergarten gebaut. Ich schlage vor, daß die Angehörigen der Werkleitung am kommenden Sonntag einen Aufbaueinsatz durchführen und daß jeder versucht, aus seinem Verwandten- und Bekanntenkreis weitere Helfer mitzubringen. Es gilt also, Überzeugungsarbeit zu leisten! Der Beste soll die Prämie erhalten!«
Der Vorschlag wurde einstimmig angenommen.
Als der Sonntag kam, brachte der Werkleiter sieben Aufbauhelfer mit. Er lag damit an der Spitze. Der Kaufmännische Leiter sah sich um seine Hoffnungen auf die Prämie betrogen, obwohl ihn fünf Personen begleiteten, darunter ein Jugendlicher. Der Produktionsleiter mit vier, der Leiter der Abteilung Arbeit mit drei und der Technische Leiter mit nur zwei Helfern lagen völlig aussichtslos im Rennen. Alle sahen sie mit verächtlichen Blicken auf den Hauptbuchhalter, der gar nur einen Helfer mitgebracht hatte. Trotzdem wurde die Prämie einstimmig dem Hauptbuchhalter zugesprochen. Ihm war es nämlich gelungen, jemand ganz Besonderes fürs Nationale Aufbauwerk zu gewinnen: die eigene Frau.

Eulenspiegeleien

Westdeutscher kommt zu Besuch in die DDR und trifft einen alten Schulfreund. Der berichtet: »Ich bin mit meinem Leben eigentlich sehr zufrieden. Ich bin jetzt Rentner und stolz auf meine erwachsenen Kinder. Der Älteste ist Offizier bei der Nationalen Volksarmee, der zweite LPG-Vorsitzender, der dritte arbeitet als Parteisekretär in einem volkseigenen Betrieb, die Tochter ist sogar ›Verdiente Ärztin des Volkes‹ geworden. Und mein Jüngster ist Dreher in Westberlin.« Fragt der Westdeutsche: »Warum ist denn dein Jüngster nicht auch in der DDR?« – »Das ist schon in Ordnung. Der schickt uns den Bohnenkaffee und alles, was es sonst bei uns nicht zu kaufen gibt.«

Die HO soll demnächst in SED umbenannt werden. – Warum?– Selten Etwas Da.

„Mein Zaun ist schon ganz wacklig."
„Das Dach meiner Laube muß mal geteert werden."
„Mein Garten ist auch noch nicht umgegraben."

„Zieht auf!"

Paul Schwarz

Besuch bei einem Gewaltigen

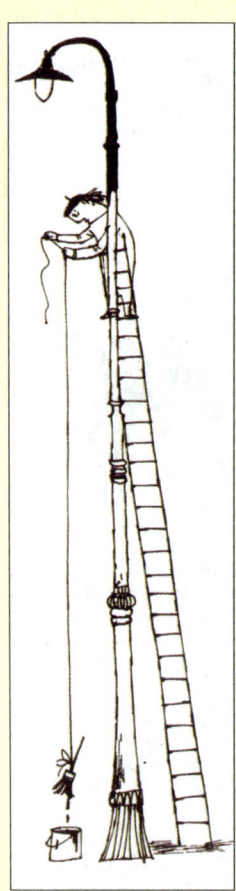

Trübe dämmerte der Tag herauf. Seit fünf lag ich wach, lauschte meinem Herzschlag und dem Ticken der Uhr. Langsam, aber unentrinnbar kroch die Stunde der Entscheidung näher, wie eine Schlange, die das Opfer durch ihren Blick willenlos macht, ehe sie es verschlingt. Müde und zerschlagen stand ich endlich auf, machte sorgfältiger als sonst Toilette, warf einen letzten prüfenden Blick auf mein bleiches Gesicht im Spiegel und ging. Im Vorzimmer des Mannes, von dem alles abhing, herrschte gedämpfte Erregung. Jeder war schweigsam, in sich gekehrt, ganz von dem Anliegen beherrscht, das man IHM vortragen wollte. Nur selten wurden einige leise Worte gewechselt, wenn sich Menschen trafen, deren Herzen von denselben Nöten bedrückt wurden. Schließlich war ich an der Reihe. Ich schritt durch die Tür, hinter der die Lose fallen sollten.

Herr Pape stand mitten in seiner Werkstatt und hobelte an einem Kinderbett herum. Ich kniete vor ihm nieder, berührte mit der Stirn dreimal den Fußboden und wartete demütig auf eine Anrede. Nach einiger Zeit vernahm ich seine Stimme. Sie klang streng, aber nicht ungnädig. »Stehen Sie auf. Was ist Ihr Begehren?«

Ich stand gesenkten Hauptes, die Hände hinter dem Rücken verschränkt. »Erhabener Meister«, begann ich stockend, »in unserem Badezimmer ist die Brille kaputt. Wir können kaum noch …«

»Ich kenne eure Klagen«, unterbrach er mich und hobelte wieder ein bißchen. »Jeder kommt mit seinen Sorgen zu mir. Jedem soll ich helfen.« Er seufzte, und ich schwieg. Sein Blick war in die Ferne gerichtet. Er erwog das Gegenwärtige und das Zukünftige. Welch ein Mann! »Wir haben immer solche Angst«, begann ich wieder, »wenn wir mal …«

Er wehrte müde ab. »Wir stehen alle in der Hand des Schicksals. Haben Sie einen Beruf?«

»Jawohl. Ich … ich stell … stellere Schrift«, stotterte ich.

»Und wovon leben Sie?«

»Eben davon.«

Er betrachtete mich lange und genau. Dann schüttelte er den Kopf und sprach: »Man sieht es Ihnen an. Haben Sie keine Ziege?«

»Nein. Warum?«

»Ziegenmilch ist gesund.«

Er fing wieder an zu hobeln. Dann sagte er: »Ich trinke sie gern.«

Nach drei weiteren Hobelstrichen – oder wie man das nennt, ich weiß es nicht genau – blickte er mich von neuem an, nicht unfreundlich, wie mir schien.

»Fragen Sie in drei Wochen noch einmal nach.« Mein Herz stockte. Er wies mich nicht ab ... ich durfte wiederkommen ... in drei Wochen schon! Erschüttert, keines Wortes fähig, berührte ich zum Abschied wiederum mit der Stirn dreimal den Boden. Erhobenen Hauptes schritt ich durch die Reihen der Wartenden, die mir neiderfüllt nachschauten. Sie hatten an meiner Stirn gelesen, daß ich Gnade gefunden hatte.

Dann ging ich eine Ziege zu erwerben. Für den Gewaltigen, den Tischlermeister Pape.

Handelsbeziehung

Ich reiste, mich zu erholen,
vor einigen Wochen nach Polen.
In einem Ladenfenster stand
ein Exponat aus unsrem Land:
ein Traum aus Chrom und Edelholz.
Und das erfüllte mich mit Stolz
auf unsre Radioindustrie.
Ich schwöre es: Ich hatte nie
ein schöneres Gerät gesehn.
Ich blieb zwei Stunden davor stehn
und überlegte hin und her,
wie es wohl zu erwerben wär.
(Man hat in einem andern Land
meist herzlich wenig Geld zur Hand.)
Ich habe es mir leicht gemacht
und gab dafür, man hör:
zehn Flaschen polnischen Likör.
Den hatte ich aus Deutschland mitgebracht.

Rudi Strahl

In den fünfziger Jahren hielten Fernseher und Radios aus dem Herstellerverbund RFT – Rundfunk- und Fernmeldetechnik – Einzug in die Haushalte.

Ulrich Speitel

Der Agronom und sein Engel

Ich bin, wie man sagt, Agronom – landwirtschaftlicher Fachmann. Ich weiß also gut, was man tun muß, um nicht zu weit auf dem Lande zu landen. Lange Zeit ging es mir auch gut. Ich war bei einer MTS und stand zwei landwirtschaftlichen Produktionsgenossenschaften mit meinem Krad zur Seite. Sie hatten es gut bei mir. Ich ließ mich in Ruh. Dann aber, plötzlich, kamen

»Aber du hast doch selbst gesagt, wir sollen im Offenstall alles winterfest machen.«

die Sorgen. Es hieß, die Agronomen sollten in die Genossenschaften eintreten. Bittschön, hieß es, bringt die kranken in Ordnung. Ich wurde unruhig. In einem solchen Falle, Leute, nimmt man am besten die Beine untern Arm, macht sich aus dem Staube und vergreift sich an einem andern Beruf. Doch die Kreisverwaltung blieb ruhig. Niemand belästigte uns. Still ruhte der Schnee. Ich – naja – auch.

Und plötzlich war die Kanaille da. Man denkt: Na, wenn schon, dann kommt so ein trottliger Brummbär, so ein Dicker vielleicht. Der blubbert dann los und will dich ohne viel Federlesen in die erste beste Genossenschaft stopfen. Aber wer kommt? Ein Mädchen! Ach, ich bitt euch: Eine Fee kommt, ein Engel – mindestens ein Engel. Da stand er nun. Ich stieß ihm einen Stuhl um und hockte mich drauf; ich zog meinen Hut und setzte mir ein Taschentuch auf; ich kaute am Bleistift und gab ihm Feuer – kurz: Ich hatte Glück, daß kein Irrenarzt in der Nähe war. Sie war unbeschreiblich: Sie war Funktionärin, man sah's, und trotzdem sehr, also sehr, sehr schön. Und sie sollte mich überzeugen, daß ich einer Genossenschaft beitreten müsse – ach Gott, ach Gott!

»Könnten wir nicht«, sagte sie, »zu den Genossenschaften fahren, die Sie betreuen?«

Ich sprang schon in Richtung Motorrad. Das Motorrad, leider, sprang erst nicht an und dann hitzig davon. Zu hitzig. Als ich den Engel zum drittenmal verloren hatte, sagte er, er wolle lieber erst mal die Verwandten von seinem nahen Ende benachrichtigen. Auch hielt er es für zweckmäßig, eine Lebensversicherung abzuschließen – und schritt davon.

So begann unsere Bekanntschaft. Für mich kamen schreckliche Tage. Sie war mein Glück und mein Unglück. Wollte ich diesen Engel erobern, mußte ich gleichzeitig – na, mindestens ins Fegefeuer eintreten. Blieb ich dagegen der Genossenschaft fern, entfernte auch sie ... Ich mochte gar nicht dran denken. Als ich zur Not noch ein Mensch war, kam sie wieder.

»Na, mein Freund«, lächelte sie mich aus, »ob wir's noch mal probieren?« – War sie nicht herrlich?

Ich nahm mich zusammen – oje, oje! Ich tuckerte bibbernd zur LPG, erreichte den Hof mit Müh und Not. Der Engel hinten war noch am Leben. Der Engel lächelte mich sogar – wie sagt man da? - bezaubernd an. Dann begann er mit mir über die Genossenschaften zu sprechen, vorsichtig, zaghaft. Er wollte nicht recht raus mit der Sprache. Er stotterte gar. Ich stotterte auch. Wir stotterten ein Duett über ein ländliches Thema. Dann schwieg der Engel. Er meinte es wohl gut mit mir. Ich hatte Eindruck gemacht.

Ich nahm mein Herz in meine beiden Hände. »Ich möchte ja«, stotterte ich, »... die LPG braucht sicher einen wie mich ... ich weiß bloß nicht ...«

Mein Engel stampfte wütend mit seinem Füßchen und flog davon. Ach, ich Schlappschwanz! Natürlich hatte sie erwartet, daß ich jetzt ohne Zögern, ohne Zagen meinen Eintritt in die Genossenschaft erklärte. Ich himmelschreiender Blödian! Aber der Engel war fort. Da half nur noch eins: Faß den Entschluß deines Lebens, wenn du diese Frau erobern willst. Ich faßte ihn auf die Schnelle. Ich trat in die aller-, allerschlechteste Genossenschaft ein.

»Hängt es so richtig?«

Und am nächsten Tage gleich fuhr ich zu ihr. Überglücklich betrat ich die geheiligten Räume der landwirtschaftlichen Abteilung.

»Mein Engel«, rief ich, »ich hab mir's überlegt. Ich habe mich aufgerafft. Dir zuliebe bin ich noch gestern in die Genossenschaft eingetreten. Ich würde sogar ...«

»O Liebling«, strahlte mein Engel, »nichts weiter ist nötig. Ich danke dir!« Flog mir um den Hals – ach, ach! – und küßte mich. »So, Kollege«, sagte sie dann ernst, sehr ernst, »jetzt geh an die Arbeit. Leb wohl! Ich muß nun den nächsten gewinnen.«

Die beste Frau der Welt verloren – die schlechteste Genossenschaft des Kreises am Hals: So geht's uns Agronomen ...

Peter Gauglitz

Die alte Weide

Tisch mit Schild »Kommunale Wohnungsverwaltung«

A: Meine Damen und Herren, ich habe in Neuenhagen ein kleines KWV-Häuschen, und im Garten steht eine alte Weide.
Aber sehen Sie selber: Sie ist innen hohl, außen morsch, eine
Gefahr fürs Haus, weil das noch morscher ist, und deshalb
muß sie schnellstens abgesägt werden. Sie verstehen?

K: Genau. Erhebt sich die Frage: Handelt es sich bei der alten
Weide um a) Park-, b) Privat- oder c) VE-Weide?

A: Um Mietsweide.

K: Mietsweide, haben Sie gesagt. Und hängt schon über? Doch
nicht etwa mit der Miete?

A: Nein.

K: Na ja, bei Mietrückstand könnten wir ooch nichts machen.

A: Sie sollen die alte Weide absägen lassen. Von wegen akuter
Umsturzgefahr.

K: Also absägen können wir nicht. Nicht mal bei Umsturz: Keine
Leute, keine Säge, keine Leute …! Aber ich gebe Ihnen mal
'nen Schein fürs Stadtgartenamt.

A: Wieso Stadtgartenamt?

K: Haben Sie doch selber gesagt: Alte Weide steht im Garten.

Tisch mit Schild »Stadtgartenamt«

A: Wurzelpeter mein Name. Ich komme wegen einer alten
Weide. Sie steht bei uns im Garten am Haus. Ist hohl und
morsch und droht umzukippen mitsamt dem Haus. Muß
schnellstens weg!

S: Sind Sie sicher, daß es sich bei Ihrer Weide um eine solche
handelt?

A: Absolut. Weide ist Weide.

S: Dann können wir nichts machen. Ja, wenn es eine alte Erle
wäre … Eiche, altdeutsch, da ginge was: Zementfüllung rein
… Und steht und steht und steht …

A: Ich habe aber keine altdeutsche Erle, sondern eine deutsche
demokratische Weide. Und die wackelt und wackelt und wak-
kelt am Haus rum.

S: Diesenfalls würde ich auch schnell mal wackeln.

A: Häh!

S: Zur Deutschen Volkspolizei, Abteilung Feuerwehr, Tatütata-
klingeling.

A: Klingelingeling! Ab.

Tisch mit Schild »Feuerwehr«

A: (kommt angesaust): Morsch, mein Name, Genosse Abteilung Feuerwehr! Unser alter Wurzelpeter, ich meine die Nichteiche, die wackelt schon bei Windschwäche zwo minus. – Wann können Sie anrücken?

F: Sofort. Falls Gefahr für Leben und Gut vorliegt.

A: Liegt vor. Permanente Unfallgefahr!

F: Akut ist sie aber noch nicht umgefallen, was?

A: Nein, bedaure.

F: Naiv. Noch nie was von Bränden gehört? Brände gehen vor. Tja, wenn die Nichteiche brennen täte …

A: Wird gemacht, Genosse, Baum wird angebrannt.

F: Brandstiftung fällt unters Gesetz. Mache Ihnen Vorschlag: Leihen Sie sich 'ne Säge aus. Sie haben doch liebendes Weib. Die hält dagegen, dann legen Sie se um, die Weide …

A: Gemacht!

Tisch mit Schild »KWV-Stützpunkt«

A: Wurzelweide. Ja, also, ich bin schon ganz hohl und morsch von der ganzen Rennerei, und die Feuerwehr will mich nicht umlegen, und deshalb soll's meine Frau mit der Säge versuchen, weil doch das Haus, das wackelt und die Weide keine Eiche ist, verstehn?

P: Haben Sie'n Schein?

A: Nein, nein. Ich bin sonst ganz normal. Bloß, ich war nu schon bei so vielen nicht zuständigen Instanzen. Ich brauche eine Mot.-Säge.

P: Ich meine doch 'n Mot.-Führerschein.

A: Mot.-Führerschein?

P: Motorsägenführungsberechtigungsschein. Ohne dürfen Se Mot.-Säge nich führen.

A: Jetzt reicht's mir aber! KWV hat keine Leute, beim Stadtgartenamt steht bloß Eiche, Feuerwehr rückt erst aus, wenn … und Sie verlangen eine Fahrerlaubnis auf Motorsäge. Am Ende brauche ich noch einen Bezugsschein für Sägefisch!

P: Nee, nee, jehn Sie man zur freiwilligen Feuerwehr. Die macht Sie das!

A: Guten Abend.

»Wir sind zufrieden mit unserer KWV. Schließlich stellt sie uns die Wanne so lange zur Verfügung, bis Sybilles Metronom von der Reparatur zurück ist.«

Tisch mit Schild »Freiwillige Feuerwehr«

FF: Hier sind Se richtig. Wir haben Leute und Sägen.

A: Prima, endlich!

FF: Moment. Liegt Gefahr für Leib und Leben vor?

A: Ja, Leib und Leben.

FF: Alarm! Stillgestanden, richt euch, Augen geradeaus. FF dabei zum Ausrücken bereit.

A: Also nicht so eilig.

FF: Ich denke, es gilt Leben zu retten.

A: Auf dem Baum saß ein Vögelchen, so klein.

FF: Sie Nase, weggetreten!

A: Was wird denn nun aus meiner Weide?

FF: Gehen Sie zur Feierabendbrigade »Schöner Abend«. Guten Abend.

A: Schönen Abend, »Schöner Abend«.

I: Nahmd. Du bist der alte Rentner …

A: Mein Name ist Wurzelpeter von der Vogelweide.

I: Ich habe folgendes auszurichten: An der Weide is'n Hund vorbeigekommen. Und der hat da mal kurz sein Bein – und davon ist die Weide umgefallen. Und Sie soll'n Ufftrach besorgen.

A: Wat denn nun noch für einen Auftrag?

I: Das Haus muß runderneuert werden!

Anekdote

Ein Werkangestellter in leitender und sehr verantwortlicher Position hatte sich überarbeitet und litt an nervösen Erschöpfungszuständen. Der Arzt in der Betriebsklinik empfahl ihm, eine Zeitlang eine ganz einfache, mechanische Arbeit auszuführen; das wäre für ihn erholsamer als jede Urlaubsreise. Der leitende Werkangestellte ging daraufhin folgsam für drei Wochen in die Paten-LPG, wo ihn nach vierzehn Tagen der Arzt besuchte. »Menschenskind, was treiben Sie bloß? Sie sind ja noch nervöser, als Sie es vorher waren«, sagte er entsetzt. Der Patient stöhnte: »Ich arbeite hier an der Kartoffelsortiermaschine. Da muß ich die Kartoffeln in drei Haufen einteilen: Eß-, Saat- und Futterkartoffeln. Diese dauernden Entscheidungen bringen mich noch um.«

B. Nowak

Heinz Fischer

Saisonarbeit

Er war aus der Deutschen Demokratischen Republik in die Bundesrepublik gekommen und hatte Arbeit auf einer Baustelle erhalten. Wohnung fand er um ein »Vergelt's Gott!« bei Verwandten. Besonders komfortabel war die Dachstube nicht, die man ihm überließ, aber der Mann stellte keine großen Ansprüche. Er war von unscheinbarem Äußeren und machte nicht viel von sich her. Als die Kollegen auf dem Bau während der Pause einmal hörten, wie er ganz leise »Mimimimi ...« vor sich hin sang, hielten sie ihn wohl gar für nicht ganz normal. Sie hänselten ihn ein wenig damit, im übrigen aber ließen sie ihn in Ruhe ...

Der Mann machte seine Arbeit nicht schlecht. Zwar verstand er vom Bauhandwerk nicht viel; doch war er anstellig und guten Willens. Bald hatte er begriffen, daß die Kollegen Maurer, wenn sie »Speis!« riefen, nicht der Meinung waren, er solle etwas essen, sondern daß sie dann Mörtel begehrten. Er brachte ihn, und die Kollegen Facharbeiter waren zufrieden ...

Nach einer Woche erhielt er den ersten Lohn. Er steckte ihn ein und lächelte wie geistesabwesend. Das Geld schob er zu Hause in die Matratze seines Bettes, dann schmierte er sich eine Margarinestulle ...

»Wat denn, die Eier sind Ihnen zu teuer? Glauben Sie, ich bezahle Ihnen noch die Fahrkarte nach Westberlin?«

Einmal, während der Frühstückspause, fragten ihn die Kollegen, warum er nicht »drüben« geblieben sei. Er gab unbestimmte Antworten und sagte schließlich, ein junger Mann müsse sich eben überall in der Welt umsehen. Die Maurer in der Runde nickten. Ganz so verrückt, wie es aussah, war der Neue wohl doch nicht. Und da die Pause zu Ende war, schob der Polier sich

Eine Kuh, ein Hund und ein Esel, wohnhaft in der Bundesrepublik, entschließen sich, in die DDR überzusiedeln. Aber schon nach einer Woche kommt der Hund zurück. »Warum kommst du wieder?« wird er gefragt. »Ach, ich sollte dort immer nur die Schnauze halten, durfte nie bellen.« Zwei Wochen später kommt auch die Kuh zurück in den Westen. »Warum kommst du wieder?« – »Weil ich aus dem Westen kam, wollten die mich laufend melken. Das habe ich nicht ausgehalten.« Nur der Esel fühlt sich wohl in seiner neuen Heimat. Schon zwei Jahre später ist er Mitglied des Politbüros.

die Hose hoch und rief: »Auf geht's, Buam!« Da gingen sie wieder an ihre Arbeit. Als sie hörten, wie der neue Kollege dabei ganz leise »Mimimimi ...« vor sich hin sang, lachten sie gutmütig ...

Zwei Wochen später erschien die Frau des Neuen auf der Baustelle. Sie war ihm nachgefolgt und wohnte nun ebenfalls um Gotteslohn bei Verwandten. Sie brachte ihrem Mann von jetzt ab täglich die Margarinestullen auf die Baustelle. Die beiden setzten sich – abseits von den anderen – auf einen umgestürzten Schubkarren und verzehrten ihr bescheidenes Mahl gemeinsam. Sie war nicht unhübsch, und der bayrische Polier, der dafür einen Sinn hatte, setzte sich manchmal zu ihnen und versuchte, ein paar Maurerspäße anzubringen, hatte aber kein Glück damit. Die Frau besaß eine ganz besondere Art, ihn mit Blicken auf Distanz zu halten, so daß ihm meist das Wort im Munde erstarb, was ihm bisher in seiner Laufbahn als Don Juan noch nicht vorgekommen war. Das wurmte ihn sehr; doch als er wieder einmal zu den beiden trat und hörte, wie die Frau ganz leise »Mimimimi ...« vor sich hin sang, zog er sich erschrocken zurück und murmelte: »Leckt's mi doch ... ös zwoa spinnerten Deifln!«

Eine Woche darauf kündigte der Neue und bat, ihn sofort gehen zu lassen. Der Bauleiter verlor ihn ungern und fragte, warum er fort wollte. Der Mann wich aus und gab an, er wolle sich woanders ein bißchen umsehen. Man gab ihm seinen restlichen Lohn und ließ ihn ziehen. Seine Frau holte ihn ab. Als sie die Baustelle verließen, hörte der Polier von ihnen ein gemeinsames »Mimimimi ...« Offenen Mundes blieb er stehen und war erst geraume Zeit später imstande, ausgiebig zu fluchen. Der gewesene Mörtelträger aber griff unter die Matratze seines Bettes, holte sein erspartes Geld hervor und ging mit seiner Gattin das einkaufen, was ein eleganter Herr und eine elegante Dame heutzutage brauchen, um vor der Welt in Ehren bestehen zu können: westliche Schuhe, westliche Mäntel, westliche Hemdchen und Höschen, westliche Nylons, westliche Krawatten und westliche Seidentücher. Dann fuhren sie in die Deutsche Demokratische Republik zurück, als Opernsänger und Operettensoubrette, denn die Theaterferien gingen zu Ende, und die Spielzeit 1956/57 begann.

Der bayrische Polier aber, als er die Kunde davon vernahm, sagte nichts als: »Do legst di nieda!«

5. Kapitel

Heißer Sommer

Von Ostseestrand, Datsche und Jugendclubs ...

In den fünfziger Jahren in den Urlaub zu reisen, hieß für die meisten Erholungssuchenden, mit der **Deutschen Reichsbahn** zu fahren. Wenn eine solche Reise mit dem Kampf um den Fensterplatz beginnt – bei Fritz Bernhard nachzulesen – kommt vielleicht nicht der Reisende, gewiß aber der Leser auf seine Kosten. Auch mag dem DDR-Bürger durchaus das Liedchen von der **Reise, die lustig und schön ist,** bekannt gewesen sein, aber vor dem Vergnügen stand die Mühe, einen Urlaubsplatz zu bekommen. Landauf und -ab traf man auf die heutigen Tourismusunternehmen unvorstellbare **hundertprozentige** Bettenauslastung in Hotels und Heimen. Verständlich, daß sich Hansjoachim Riegenring unter der Maßgabe **Der Mann von Welt verlebt seine Ferien im Camping** von seinen ursprünglichen Plänen abbringen läßt, auch wenn er erleben muß, daß nicht alle (Urlaubs-)Träume wahr werden. Lange auch vor der Erfindung der **Ferien auf dem Bauernhof** kommt das junge Paar in der Geschichte »Ideale Ferien« zufällig und unfreiwillig, aber mit unbezweifelbarem Erholungsfaktor in den Genuß eines solchen alternativen Urlaubs. War sie nicht bunt, die Urlaubswelt im DDR-Maßstab?

Fritz Bernhard

Der Kampf um den Fensterplatz

Es war zehn Minuten vor Abgang des D-Zuges. Auf dem Fensterplatz eines sonst leeren Abteils dritter Klasse saß Mäxchen Kiesewetter und bohrte gelangweilt in der Nase. Ein beleibter, älterer Herr, in dem man einen Vertreter für Bockwürste und Knobländer vermuten konnte, wuchtete sich in das Abteil hinauf, schnaufte ärgerlich und sagte: »Was machst du denn da auf meinem Fensterplatz, wie, mein Sohn?«

»Ich warte auf Mama«, erklärte Mäxchen, indem er höflich den Finger aus der Nase nahm.

»Das ist ja sehr nett von dir, daß du auf deine Mama wartest«, kam es kalt aus dem Doppelkinn des Bockwurstvertreters. Drohend näherte Mutter Kiesewetter sich dem Fremden. Tief holte sie Atem, ihr umfangreicher Busen war nur noch geballte Kraft.

> Dieser unverschämte Kerl hier hat meinem armen Kinde seine Sitzgelegenheit geraubt!

»Sie gestatten wohl, mein Herr – ich bin die Mutter. Der Platz gehört meinem Sohn.« Pause.

»Mein Herr, ich sprach zu Ihnen«, ertönte es einen Grad schärfer. »Ich bin die Mutter des Kindes.«

Der Dicke sah auf, verdächtige Freundlichkeit im Gesicht. »Ich habe nichts dagegen, junge Frau.«

»Der Platz, auf dem Sie sitzen, ist Eigentum meines Sohnes.«

»Da sind Sie im Irrtum, junge Frau. Eigene Plätze gibt es in der DDR nicht. Die Eisenbahn gehört dem ganzen Volke und nicht Ihrem Herrn Sohn, junge Frau.« Er vertiefte sich wieder in seine Zeitung.

»Erstens bin ich für Sie keine junge Frau, sondern eine Dame, verstehen Sie?« gab Mutter Kiesewetter noch einen Grad schärfer zurück. »Und zweitens stehen Sie jetzt vielleicht endlich auf …«

»Vielleicht auch nicht, junge Frau«, kam es hinter der Zeitung hervor, »der Platz war frei, ich hatte ihn ordnungsgemäß belegt und …«

»Was? Ordnungsmäßig belegt?« fuhr Mutter Kiesewetter noch einen Grad schärfer dem Fremden in die Rede. »Nennen Sie das vielleicht ordnungsmäßig belegt, wenn Sie Ihr vorsintflutliches Holdriohütl ins Gepäcknetz legen?«

»Nicht doch so ausfallend, Herzchen«, erwiderte der Fremde mit nur noch gespielter Überlegenheit. »Mein Jägerhut ist aus bestem Haarfilz und noch keine drei Jahre alt. Im übrigen stehe ich nun erst recht nicht auf. Und wenn Sie platzen!« – »Das wer-

den wir sehen, ob ich platze, Sie unverschämter Patron«, schrie
Mutter Kiesewetter noch einen Grad schärfer. »Sie scheinen
gar nicht zu wissen, daß Sie sich strafbar machen, Sie, Sie …«
»Ach nee! Wieso denn strafbar?«
»Weil Sie auf fremdem Eigentum sitzen!«
»Na, na, na«, grinste der Dicke frech, »worauf ich sitze, junge
Frau, das ist mein höchst persönliches Eigentum, wenn auch
der Platz der Reichsbahn und somit dem ganzen Volke gehört.
Im übrigen verstehe ich gar nicht, warum Sie eigentlich immer-
zu meckern. Nehmen Sie doch Ihren Herrn Lausewanst auf den
Schoß, dann haben Sie alle beide 'n Fensterplatz!«
»Ich will aber nicht rückwärts fahren, Mama«, plärrte Mäx-
chen, »vorwärts will ich, hu,
hu!«

»Du wirst auch vorwärts fahren, mein Kind«, tröstete Mutter Kiesewetter ihren Sohn und
fuhr zu dem Fremden noch
einen Grad schärfer fort: »Ich
lasse mir nämlich von Ihnen
keine Vorschriften machen, lieber Mann. Ich nehme mein
Kind auf den Schoß, wann ich
will. Es bleibt dabei, daß mein
Kind vorwärts fährt, und zwar
auf dem Fensterplatz oder …«
Der Dicke ließ sich nicht einschüchtern. »Sprechen Sie doch
mal mit dem Lokomotivführer«, fuhr er der Dame in die Para-
de, »vielleicht dreht er den Zug für Sie und Ihr Früchtchen um?
Dann fahren Sie beide vorwärts!«
Das war zuviel für Mutter Kiesewetter.
»Herr Stationsvorsteher, Herr Stationsvorsteher!« schrie sie
gellend zum Fenster hinaus, »bitte kommen Sie doch mal her!
Dieser unverschämte Kerl hier hat meinem armen Kinde seine
Sitzgelegenheit geraubt! Ich ersuche Sie, den Flegel sofort der
Volkspolizei zu übergeben!«
Erst nach einer Weile konnte der Dienstvorsteher sich Gehör
verschaffen. »Nachdem Sie sich beruhigt haben, meine Herr-
schaften, werden Sie alle drei das Abteil verlassen.«
»Wieso denn?« protestierten die Parteien wie aus einem Munde.
»Ja, können Sie denn nicht lesen?« erwiderte der Vorsteher vor-
wurfsvoll, »das Schild draußen ist doch groß genug: ›Dieser
Wagen bleibt stehen!‹«

Renate Holland-Moritz

Reisen ist gefährlich

»Also, Fräulein, nun empfehlen Sie mir mal was ganz Besonderes! Aufs Geld solls mir nicht ankommen. Schließlich darf man auf seine alten Tage mit der Bildung nicht knausern, und Reisen bildet doch, nicht wahr?«

Das DER-Fräulein (dies ist keine grammatikalische Idiotie, sondern die Bezeichnung für eine Angestellte des Deutschen Reisebüros) blätterte in einem dicken Buch.

»Wenn der Preis keine Rolle spielt, würde ich Ihnen China empfehlen. Sie kommen dort zu den Stätten jahrtausendealter Kultur. Reisfelder ziehen sich durch das Land ...«

Der bildungslüsterne Herr erschauerte. »Reis! Wenn ich das Wort bloß höre, kriege ich Magenverstimmung. Nee, Fräulein, China geht nicht. Ich würde dauernd an meine erste Frau denken, die hat mir nämlich viermal in der Woche Milchreis vorgesetzt. Igittigitt!«

Das Fräulein begann zu schluchzen, und auch der Herr wischte sich verstohlen zwei dicke Tränen vom Gesicht, mit denen er seinen eigenen Tod beweinte.

»Wie wärs dann mit der Sowjetunion? Sie könnten die prachtvollen Neubauten in Moskau und Leningrad bewundern ...«

Der Herr winkte entsetzt ab. »Neubauten, sagen Sie? Und auch noch bewundern? Meine Dame, wenn ich Ihnen sage, daß ich seit Jahren in einem Neubau wohne, werden Sie einsehen, daß ich Ihren Vorschlag ablehnen muß.«

Das Fräulein lächelte freundlich. »Wie wärs dann mit dem sonnigen Bulgarien? In märchenhaft schöner Landschaft verbergen sich romantische Zigeunerdörfer ...«

Das Gesicht des Herrn erhellte sich. »Zigeunerdörfer? Mit richtigen Zigeunern drin?«

»Ja, natürlich.«

»Sie müssen nämlich wissen, Fräulein«, sagte er, indem er vertraulich ein wenig näherrückte, »als ich achtzehn war, liebte ich eine Zigeunerin. Das war ein Mädchen – oh, welch ein Mädchen! Ganz durch Zufall ist sie nicht für den Film entdeckt worden.« Er verlor sich in Erinnerungen und bekam feuchten Glanz in den Augen.

»Also darf ich Sie für Bulgarien vormerken?« fragte das Fräulein verbindlich.

Der feuchte Glanz wich tiefer Niedergeschlagenheit. »Nein, das geht leider nicht. Meine Frau, wissen Sie, ist auch rückwirkend eifersüchtig. Die ist überhaupt so ... aber lassen wir das!«

»Dann empfehle ich Ihnen, nach Polen zu fahren. Die Hohe Tatra ist für gesundheitsfördernde Familienausflüge besonders geeignet!«

»Vielen Dank«, sagte der Herr, »aber ins Gebirge wollten wir eigentlich nicht. Wir wohnen nämlich im Friedrichshain, direkt neben dem Mont Klamott. Schließlich will man im Urlaub was Neues kennenlernen.«

Das Fräulein trat auf den anderen Fuß. »Wie wäre es dann mit Jugoslawien, direkt an der blauen Adria?«

»Adria? Nicht schlecht. Hört sich so nach Riviera und Lido an. Müllers würden vor Neid jedenfalls platzen. Aber, sagen Sie mal, gibts da Haifische?«

»Nein«, sagte das Fräulein, »das heißt, einmal waren ... Aber das ist ein ungeheurer Zufall. Sie können mit ebenso großer Wahrscheinlichkeit Seehunde in Heringsdorf treffen.«

Der Herr sah das Fräulein streng an. »Gibt es in der Adria nun Haifische oder nicht? Schließlich will ich mich durch Sie nicht in den Tod expedieren lassen!«

»Sie können ganz beruhigt sein. Erst kürzlich sind Bekannte von mir aus Jugoslawien zurückgekehrt, braungebrannt und völlig gesund. Von Haifischen war keine Rede.«

Der Herr wurde böse. »Ihre Bekannten interessieren mich nicht. Außerdem können die Haifische ja gerade eintreffen, wenn ich dort bin.«

»Das ist ausgeschlossen. Entweder sie sind schon da, oder sie kommen überhaupt nicht mehr.«

»Möglicherweise sind sie auch schon da«, überlegte der Herr. »Daß sie Ihre Bekannten nicht aufgefressen haben, ist kein Beweis. Meine Frau zum Beispiel wird niemals von einer Mücke gestochen, während ich mich ihrer – ich meine selbstverständlich der Mücken – im Sommer nicht erwehren kann.«

»Ich verbürge mich dafür, daß Sie in der Adria nicht von Haifischen belästigt werden«, sagte das Fräulein heroisch.

Der Herr ergriff väterlich ihre linke Hand. »Liebes Kind«, sagte er, »Sie sind im Begriff, etwas sehr Dummes zu tun. Als ich noch so jung war wie Sie, hab ich mich mal bei meiner Firma für einen Schulfreund verbürgt. Am nächsten Tag hat er die Portokasse geklaut.«

»Und was hat das mit den Haifischen zu tun?« fragte das Fräulein spitz.

Der Herr ergriff ihre beiden Hände. »Überlegen Sie doch: Falls ich in einem Haifischmagen ende, wie wollen Sie mir dann in die Augen sehen? Wie wollen Sie in Ihrem Leben noch einmal glücklich werden mit dieser Schuld auf dem Gewissen? Einen Menschen sinnlos geopfert, weil Sie falsche Bürgschaft leisteten ...«

Das Fräulein begann zu schluchzen, und auch der Herr wischte sich verstohlen zwei dicke Tränen vom Gesicht, mit denen er seinen eigenen Tod beweinte. »Bitte, bitte, fahren Sie nicht«, stammelte das Fräulein hinter ihrem Taschentuch, »fahren Sie überhaupt nicht weg, es ist zu gefährlich. Berlin ist doch so gemütlich. Keine Stadt der Welt hat eine so schöne Umgebung wie Berlin!«

Mit einer schüchtern-liebevollen Handbewegung streichelte er dem Fräulein übers Haar. »Nun weinen Sie doch nicht mehr, meine Tochter! Ich verspreche Ihnen, ich bleibe zu Hause. Aber vielleicht fahre ich auch ein paar Tage zum Camping nach Strausberg, oder ich besuche wieder einmal Sanssouci.«

Das Fräulein schnaufte erlöst auf. »Bernau ist auch sehr schön, und Erkner hat einen herrlichen Wald!« Lächelnd zog der Herr eine Tafel Schokolade aus der Tasche. »Die sollte eigentlich für meine Frau sein, aber nehmen Sie ruhig, damit Ihr kleines Herzchen wieder froh wird!«

»Und Sie glauben, daß Ihre Gattin mit Strausberg oder Potsdam zufrieden sein wird?« fragte das Fräulein, während sie sich die letzten Tränen aus den Augen wischte.

»Meine Frau? Aber wo denken Sie hin! Die ist verwöhnt. Am besten schicke ich sie nach Jugoslawien, an die Adria ...«

Lothar Kusche

Winterreise

Mein Freund lud mich telefonisch ein. »Du mußt mich am Sonnabend besuchen kommen. Ich habe jetzt eine neue Wohnung. Eine hübsche kleine Wohnung. Draußen im Grünen. Es wird dir gefallen.«

»Draußen im Grünen?«

»Also, draußen im Weißen«, sagte er. »Das ist für dich ein kleiner Ausflug; du wirst dich geradezu erholen dabei.«

»Ist es sehr weit?«

»Gar nicht weit«, sagte er, »am Bahnhof nimmst du die Straßenbahn 88. Die 88 steht immer schon am Bahnhof, wenn der Zug kommt, und wartet. Dann fährst du bis Plietzkes Grund, und dann siehst du links schon die Neubauten, und ich wohne Plietzkes Grund 41. Wiedersehn am Sonnabend.«

Es war schon ziemlich kalt, aber am Sonnabend war es noch viel kälter. Die Straßenbahn 88 hatte Frost in den Weichen. Nach einer ganzen Weile kam ein älterer Mann und tat etwas an den Weichen. Dann sagte er: »Das hätten wir. Die Weichen sind aufgetaut.«

Der ältere Mann teilte mit, daß er nun Grog trinken ginge. Als er weg war, kam eine Straßenbahn der Linie 88, doch leider war die Weiche inzwischen wieder zugefroren. Also gingen wir den älteren Mann suchen. Ich bezahlte seinen Grog, worauf er mit uns kam und wieder etwas an den Weichen tat. Nun mußte die Schaffnerin nur noch die Tür zum Anhänger auftauen, und schon konnte es losgehen.

Da die Klingel zum Triebwagen eingefroren war, gab die Schaffnerin ihr Signal mit einer Trillerpfeife. Ob es sich um eine sehr schwache Trillerpfeife handelte oder ob auch an der Trillerpfeife der Frost nagte, kann ich als Laie nicht beurteilen; jedenfalls trillerte die Pfeife nur ganz leise, so daß die Schaffnerin an jeder Haltestelle nach vorn zum Fahrer des Triebwagens gehen und ihm sagen mußte, daß er nun weiterfahren könnte. Dann guckte der Fahrer aus seiner Tür, bis er sich davon überzeugt hatte, daß die Schaffnerin wieder in den Anhänger gestiegen war, und dann fuhr er weiter.

»Ich möchte bis Plietzkes Grund fahren«, sagte ich. Die Schaffnerin antwortete: »Nie was von dergleichen gehört. Steigen Sie an der Nudelfabrik aus, vielleicht ist es da in der Nähe.« Unge-

Nachdem es im letzten Winter aufgrund der Wetterlage viele Probleme gegeben hat, veranstaltet die Deutsche Reichsbahn einen Erfahrungsaustausch mit sowjetischen Eisenbahnern, die sich mit der Arbeit bei Temperaturen unter minus 20 Grad auskennen und trotzdem die Fahrpläne einhalten. Das Ergebnis: Für die Strecke Berlin–Rostock gilt ab jetzt die Fahrzeit der Strecke Moskau–Wladiwostok.

fähr nach einer Dreiviertelstunde sagte sie: »Jetzt müssen Sie raus.«

Von einer Nudelfabrik war weit und breit nichts zu sehen und von Plietzkes Grund auch nichts und von Neubauten schon gar nichts.

Endlich ragte ein Haus vor mir aus dem weißgrauen Nichts. Ich klopfte mit aller Kraft an die Wand und brüllte: »Hallo!« Zunächst antwortete niemand, doch nachdem ich mir schon die Fäuste zerschlagen hatte, ging oben ein kleines Fenster auf; jemand schaute heraus. »Ist dies die Nudelfabrik?« rief ich, »ich möchte nämlich zu Plietzkes Grund!«

Ich hörte keine Antwort, nur Stimmengemurmel und Geräusche. Dann wurde eine Strickleiter zu mir herabgelassen, und eine Männerstimme rief: »Sind Sie kräftig genug, um die Leiter raufzuklettern?« Ich fühlte mich in jenem Augenblick nichts weniger als kräftig, aber ich machte einen verzweifelten Versuch, der mir nach langer Schaukelei auch gelang. Ich war niemals vorher eine Strickleiter hochgeklettert, und ich habe auch keine Lust, es jemals wieder zu tun. Nachdem ich mich durch das Fensterchen gezwängt hatte, fand ich mich in einer ganz kleinen Stube ein paar Männern gegenüber. »Passen Sie mal schön auf«, sagte der eine, »dies ist keine Nudelfabrik, sondern ein Eisbrecher, welcher festsitzt. Und nun tauen Sie sich erst mal die Nase auf.« Er gab mir heißen Tee in einem Blechtopf. »Aber, verzeihen Sie, wo ist Plietzkes Grund?«

»Keine Ahnung«, sagte er, »wahrscheinlich irgendwo unterm Eis. Ich kann ja mal auf der Seekarte nachsehen.« Darauf verzichtete ich.

Nach vier Tagen konnte der Eisbrecher wieder flottgemacht werden. Man hatte mir inzwischen einige Kartenspiele beigebracht; inmitten des Eises war ich den Schiffern ja gänzlich ausgeliefert und hatte mich nicht wehren können.

Als ich – endlich zu Hause – den dritten Tag mit zwei Wärmflaschen im Bett lag, rief mein Freund an. »Fein von dir«, sagte er, »mich sitzenzulassen. Es ist ja schließlich keine Weltreise bis zu mir. Vom Bahnhof aus wärst du mit der Straßenbahn 88 höchstens zehn Minuten gefahren. Na, du kannst mich mal …«

»Und dabei«, fügte er noch hinzu, »hatte ich deinetwegen extra geheizt.«

Inmitten des Eises war ich den Schiffern ja gänzlich ausgeliefert und konnte mich nicht wehren.

Eulenspiegeleien

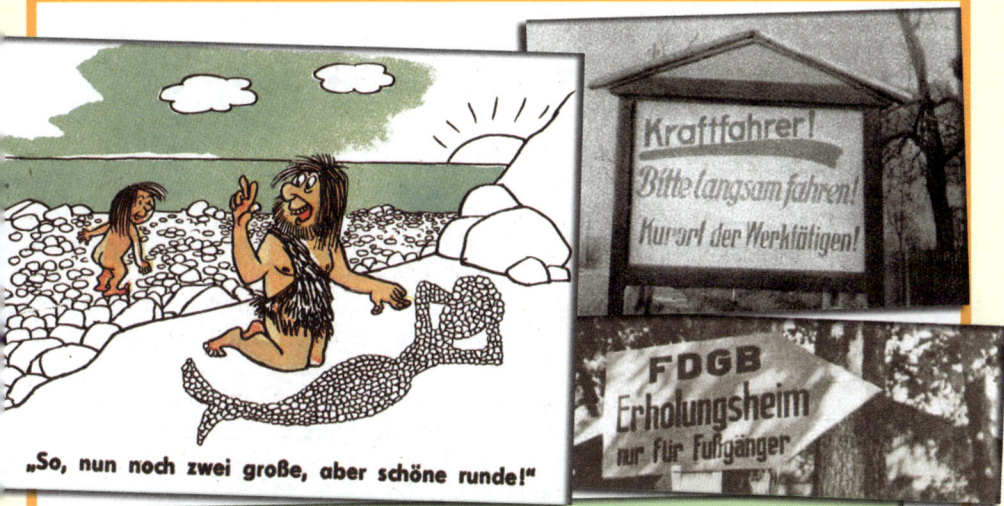

„So, nun noch zwei große, aber schöne runde!"

Kraftfahrer!
Bitte langsam fahren!
Kurort der Werktätigen!

FDGB
Erholungsheim
nur für Fußgänger

Walter und Lotte Ulbricht machen Urlaub in Ahrenshoop. Sie gehen in die Dorfgaststätte und nehmen Platz. Nach einer Weile kommt der Wirt. »Die Herrschaften wünschen?« Walter Ulbricht wundert sich: »Kennen Sie mich denn nicht?« Der Wirt schaut, überlegt und sagt schließlich: »Tut mir leid, im Augenblick wüßte ich nicht ...« – »Na aber Bürger, ich bin doch oft im Fernsehen!« Auf einmal erhellt sich die Miene des Wirts und er ruft in die Küche: »Mutter, komm mal her! Der Millowitsch ist hier!«

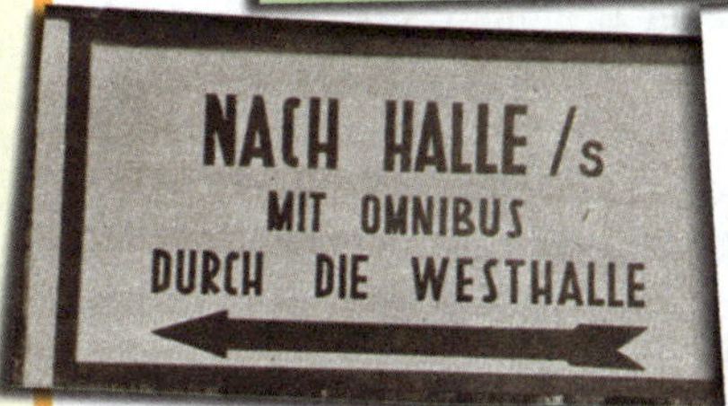
NACH HALLE /s
MIT OMNIBUS
DURCH DIE WESTHALLE

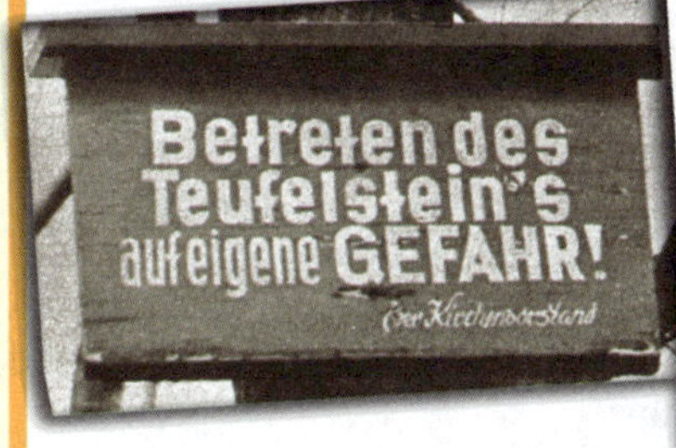
Betreten des
Teufelstein's
auf eigene GEFAHR!
Der Kirchenvorstand

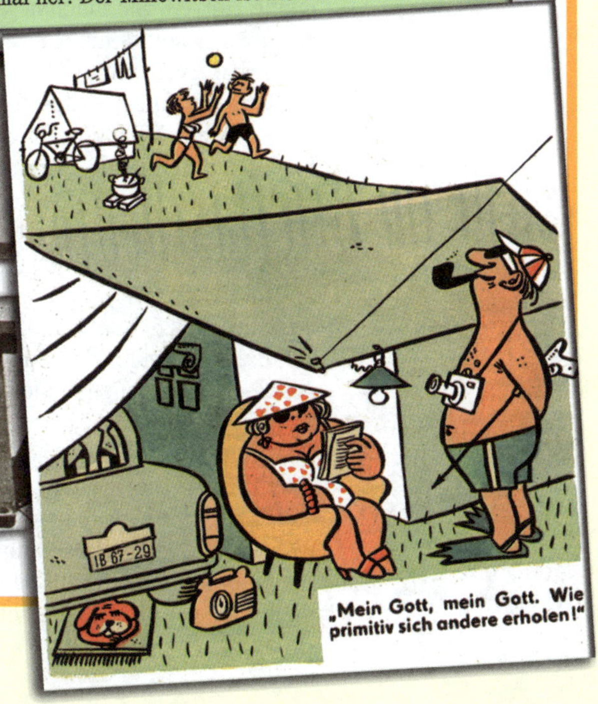
IB 67-29

„Mein Gott, mein Gott. Wie primitiv sich andere erholen!"

Hansjoachim Riegenring

Gummierte Urlaubsreise

Die Dame im Reisebüro hatte Augen wie frischgewaschene
Bergseen. In ihren Haaren flirrte das Sonnenlicht wie zwischen
den Kieferstämmen der märkischen Wälder. Ihr Mund leuchte-
te wie ein Sonnenuntergang am Meer. In ihrer Stimme schwang
die Verlockung der Ferne, das Echo unserer Sehnsucht nach der
Weite, der verführerische Hauch des Abenteuers. Bis zu dem
Moment, als sie sagte: »Bedaure, alles besetzt.« Besetzt! Grau-
sames Wort. Fluch der Urlaubsplanung.
Ich mußte mich an den Tisch lehnen. In mir zerbrach etwas.
Das Glas meiner Taschenuhr. Eduards schmerzlicher Blick
zeugte von inneren Tränen. Wir resignierten zur Tür.
»Lebt wohl«, schluchzte Eduard, »ihr Träume von den kühlen
Wellen der Gebirgsbäche.«

Unsere Spezialität sind zusammenlegbare Luftschlösser mit automatischer
Luftpumpe.

»Lebt wohl«, seufzte ich die zweite Stimme, »ihr
stolzen Burgen am Ostseestrand.«
»Verzweiflung«, sagte Eduard zu dem Manne,
mit dem wir an der Tür zusammenstießen.
»Macht durchaus nicht das geringste«, schmunzelte der. »Aber
meine Herren, Sie machen ja ein Gesicht, als wären alle Züge
entgleist. Klappts nicht mit der Urlaubsreise?«
»Urlaubsreise? Haha!« Mein Lachen klang bitter wie Wahnsinn
mit Magentropfen. »Alles besetzt, alle Hotels, alle Pensionen.«
In seinen mitfühlenden Blick mischte sich leiser Tadel. »Hotel?
Pension? Aber meine Herren, wer verbringt denn seinen Urlaub
heutzutage noch im Hotel! ›Zurück zur Natur‹ ist die Parole!
Der Mann von Welt verlebt seine Ferien im Camping.«
»Ah«, staunte Eduard, »der Mann von Welt. Und was ist der, der
im Hotel wohnt?«
Verächtliches Schnaufen. »Halbwelt. Danken Sie Ihrem Schick-
sal, daß Sie keine Plätze bekommen haben! Beginnen Sie ein
neues, schöneres, gesünderes Leben! Erobern Sie die Welt als
Campingnon!«
Der Keim der Hoffnung sproß in meiner Seele. »Ganz schön.
Aber wissen Sie, wir haben gern ein bißchen Zivilisation um
uns, und wenn ich mir vorstelle, wochenlang im Zelt, ohne
Wasserleitung und Leselampe.«
Der Tadel schwand aus seiner Miene. Mit einem tadellosen
Blick sah er uns an. »Sie sollen beides haben, Kul- und Natur

– getreu unserem Werbespruch ›Hinaus in die Ferne mit Kühl-
schrank und WC‹!«
Er holte einen bunten Prospekt aus der Tasche. Des Lebens
Glück im Vierfarbendruck. Ein sehr männlicher Mann fletsch-
te strahlend das Gebiß. Neben ihm eine
blonde Versuchung, mit zwei Stoffre-
sten von Schnürsenkelbreite ausgezo-
gen. Sie lächelte wie Chlorodont persönlich. Das Paar saß in einem wohn-
lichen, elegant möblierten Waldtal.
Über ihnen schwebten die Worte »Campingglück durch Gummimöbel!«
»So ein Bild kann einen richtig aufmö-
beln«, strahlte Eduard.
»Haben Sie ein Auto?« fragte der Mann.
»Auto ist übertrieben«, sagte Eduard,
»aber es fährt.«
»Genügt, genügt völlig. Und ist das
Auto noch so klein, 'ne Gummiwoh-
nung paßt hinein!«
Er zog einen kleinen Gummiball aus
der Hosentasche. Er blies hinein. Der
Ball wuchs. Als ich dachte, er würde
platzen, stand er als rotweißgestreif-
ter Hocker vor uns auf der Straße.
»Jahaha«, lachte der Gummimann, »da
staunen Sie, da bleibt Ihnen die Luft
weg! Sie sollten erst mal unser aufblas-
bares Gummibett, Marke ›Luftikus‹,
sehen! Oder unseren Originalgummi-
eisschrank! Aus Gummi und Luft
bauen wir Ihnen ein Wochenendhaus
mit allem Komfort.«

»Warum sind denn die
Flundern so platt, Herr
Fischer?« – »Das
kommt vom Auftreten
mancher FDGB-Urlau-
ber, Fräulein.«

»Liefern Sie auch größere Objekte?« fragte Eduard.
»Selbstverständlich! Unsere Spezialität: Zusammenlegbare
Luftschlösser mit automatischer Luftpumpe. Darf ich die Her-
ren zu einem Besuch unserer Ausstellungsräume einladen?«
Drei Verkäufer bliesen uns etwas vor.
»Wir stehen an der Schwelle des Gummizeitalters«, erkannte
Eduard ehrfurchtsvoll. »Und ich dachte, aus Gummi könne man
nur Hosenträger und Wärmflaschen machen.«
Campingglück durch Gummimöbel. Ein Glück, daß man belie-

big in die Länge ziehen konnte. Ein bißchen Puste genügt zum Aufbau eines Eigenheims. »Das sind atemberaubende Möglichkeiten«, mußte ich anerkennen.

Unser Einkauf gab der Gummiindustrie neuen Auftrieb. Die Leute hatten aber auch einen Kundendienst, wie man ihn sich nur ausdenken kann. Sie packten unseren Wagen voll. Sie besorgten uns einen idealen Campingplatz. »Und Sie garantieren«, vergewisserte sich Eduard, »daß wir wirklich so glücklich leben wie die Leute auf dem Prospekt?«

»Wir übernehmen volle Garantie«, sagte der Geschäftsführer. »Ich wünsche eine gute Reise. Mein Name ist Gummi, ich ziehe mich zurück.«

Es war ein wunderschönes Tal und lange nicht so kitschig wie im Heimatfilm. Als der Förster vorbeikam, hatten wir gerade die Couch aufgeblasen. Er grüßte, guckte auf die Couch, auf unser Auto, verglich, schüttelte den Kopf und ging weiter. Nach zehn Minuten kam er zurück. Auf der Wiese standen außer der Couch zwei Sessel, ein runder Tisch, eine Stehlampe und eine Hausbar mit Inhalt.

Das höchste Glück auf dieser Welt ist ein modernes Campingzelt!

»Das glaubt mir doch wieder keiner«, brummte er. Ich erklärte ihm das Gummiwunder. Ich zog das Ventil aus dem Tisch. Da war er platt. Eduard nahm den Luftkampf mit dem Kleiderschrank auf. Er blies. Der Schrank blies zurück. Eduard schwoll an. Er ging langsam in die Luft. Ich umfaßte ihn und preßte seinen Luftinhalt in den Schrank. »Wenn wir mit allem fertig sind«, stöhnte er, »können wir unsere Lungen in der Binde tragen.«

Wir hätten natürlich gleich daran denken können, daß man für ein derart aufgeblasenes Unternehmen eine Luftpumpe braucht. Wir fanden sie, als wir unseren Wohnungsbau schon abblasen wollten. Sie lag ganz unten im Kofferraum. Wir konnten sie nicht mehr anwenden. Uns fehlte die Kraft, sie aufzublasen.

Mit der Pumpe ging es am nächsten Tag gleich viel schneller. Wir mußten nur erst die richtige Dosierung ausprobieren. Das Bücherregal und die Speisekammer bekamen zuviel Druck und platzten. Zum Schluß bliesen wir Luft in alle vier Winde – Wände wollte ich sagen, und unser Ferienhaus war fertig. Wir auch.

»Ist doch ein stolzes Gefühl«, sagte Eduard, »wenn man sieht, was man mit der Kraft seines Odems schaffen kann!«

Die Bäume rauschten, der Himmel hatte sein schönstes Urlaubsblau angelegt, und wir konnten nun eigentlich beginnen, glücklich zu sein. Eines Tages besuchte uns der Gummimann.

»Na«, rief er, »wie gehts, wie blästs?«

»Och«, sagte ich.

»Naja«, quälte sich Eduard ein Lächeln ab.

»Was denn, nicht zufrieden? Meine Herren, das höchste Glück auf dieser Welt ist ein modernes Campingzelt! Habe ich Ihnen zuviel versprochen? Ist nicht alles noch viel schöner als auf diesem Prospekt? Warum sind Sie nicht glücklich?«

»Sehn Sie sich das Bild genau an«, verlangte ich. »Gummi allein macht nicht glücklich.«

Er wurde verlegen. »Ach so. Na, aber hören Sie mal, wir sind doch keine Heiratsvermittlung. Die Frau auf dem Bild – Sie verstehen – Reklame.«

»Wir verstehen gar nichts«, sagte Eduard böse. »Sie haben uns ein komplettes Campingglück garantiert, wie es dieser Prospekt zeigt.«

Der Gummimann schlich traurig ab.

Am nächsten Morgen saßen zwei Mädchen vor der Tür unseres Luxuszeltes. Schlank. Blond. Sie lächelten uns fröhlich entgegen.

»Oh«, staunte Eduard und befühlte sein unrasiertes Kinn.

»Guten Morgen, meine Damen!« Ich winkte freundlich. »Herzlich willkommen! Bitte, treten Sie doch näher!«

Sie sagten nichts. Sie saßen nur und lächelten.

Sie waren aus Gummi.

Nacktivisten-Bewegung
auf Fischland

J. C. Schwarz

Ideale Ferien

Düttchen und ich waren der Meinung, daß wir in diesem Jahr genug gearbeitet hatten. Ich hatte wieder einen Roman geschrieben, den niemand drucken wollte, weil er von der Liebe handelte, und Düttchen hatte auch vergeblich Gewebezellen fotografiert. Sie arbeitet in einem wissenschaftlichen Institut. Von hundert Aufnahmen war immer eine für die wissenschaftliche Theorie ihres Chefs zu verwenden. Wir packten unsere Koffer und fuhren auf Urlaub, ließen Gewebezellen und abgelehnte Manuskripte hinter uns.

»Leise, Korle, leise! Du weckst sonst sämtliche Gegner von unsern individuellen Wohnungsbau uff!«

Lieblich, wie eine Konfektpackung, lag das mecklenburgische Dörfchen zwischen Wäldern eingebettet. Daß es süß war, sahen wir schon von der Bahn aus. Drei Tage lang taten wir nichts Nützliches, weil gewissermaßen noch die Stimmungen der Stadt und unserer von vergeblicher Arbeitswut durchzitterten Berufe in uns weiterschwangen. Ich plante neue Romane, die von der Arbeit handelten, und Düttchen beschloß ernsthaft, die Beleuchtung beim Fotografieren der Gewebezellen zu verändern. Erst am vierten Tag nahm dieses trostlose, uns von unserer Arbeit her so vertraute In-die-Luft-Starren ein Ende, die Ferienstimmungen siegten. Wir stellten uns einem freiwilligen Ernteeinsatz zur Verfügung.

Ich muß sagen: Ich erkannte Düttchen nicht wieder. Sie arbeitete, daß die Schwarte krachte, wie man sagt, obwohl sie keine hat und schön schlank ist. Von mir allerdings behauptete Düttchen dasselbe: Sie hätte nie gedacht, daß ich die Absicht hätte, mich jemals in meinem Leben nutzbringend zu betätigen. Ich brach jeden Rekord. Ich wurde Aktivist des Ernteeinsatzes, der acht Tage dauerte. Schön braun gebrannt und mit elastisch gewordenen Gelenken sahen wir uns am Ende des Ernteeinsatzes nach neuen Ferientaten um.

Übrigens war nicht nur uns diese Tätigkeit auf den Feldern

eine wahre Erholung: Städtische Urlauber aus nah und fern hatten sich eingefunden und brachten die Ernte ein. Nur die Bauern schienen unsern Urlaub nicht zu genießen: Sie machten mürrische Gesichter, tadelten uns von morgens bis abends, und die Akkordeongruppe der FDJ des Dorfes, die unsern Ernteeinsatz musikalisch umrahmte, jaulte fürchterlich, als Düttchen aus Versehen beim Unkrautjäten die falschen Pflanzen heraussortierte.

Am elften Tag des Ferienaufenthaltes drohten wieder die alten unproduktiven Stimmungen unseres arbeitsreichen Jahres auszubrechen, als zum Glück (für uns?) der Wald zu brennen begann. Düttchen, ich und die andern Urlauber zogen, Spaten und Hacken geschultert, hinaus in den Kampf. Düttchens Feuereifer war so groß, daß ihre schönen langen Haare zu brennen begannen und seitdem kurz sind. Aber wir brachten gern dieses Opfer. Wir schliefen nachts so tief wie nie zuvor, und unsere Muskelpakete wuchsen. Nach zwei Tagen harten Kampfes war der Waldbrand gelöscht.

Wieder verfielen wir in dumpfes Brüten, weil noch sieben Tage vor uns lagen, die wir nutzbringend verwerten wollten. Das ganze Jahr über tut man nichts Gescheites. Wäre die LPG des benachbarten Dorfes nicht auf den Gedanken gekommen, aus den Ruinen des alten Gutshauses einen Kindergarten zu machen, ich hätte wieder mit solchen nutzlosen Dingen begonnen wie Gegenwartsromane planen, und Düttchen hätte überlegt, wie man die Gewebezellen so fotografiert, daß wenigstens zwei von hundert Aufnahmen einen Sinn haben. Von dieser deprimierenden Rückkehr zu unserm hauptberuflichen Müßiggang befreite uns die LPG.

Wir putzten und sortierten den Rest unseres Urlaubs Ziegelsteine für den Kindergarten der LPG und fühlten uns wie neugeboren, als wir am Ende nach Berlin zurückfuhren. Seitdem starren wir wieder in die Luft. Wir schlafen nachts nicht, weil wir nicht müde sind, werden davon müde und schlafen am Tag während der Arbeitszeit mit offenen Augen. Wir arbeiten für undankbare Leute an undankbaren Projekten: Düttchen für ihren Chef und seine wissenschaftlichen Theorien, ich für die Buchverlage und ihre literarischen Theorien. Wir sind so tief durchdrungen von dem Eindruck, den uns unsere Nutzlosigkeit macht, daß wir von neuen Ferien träumen. Von Feldern, auf denen man ernten kann, von Wäldern, in denen man Brände löscht, von LPG, die Steine sortieren für ihr Kinderhaus.
Man müßte öfter Ferien haben.

Familie Meier hat einen Urlaubsplatz erhalten. Im FDGB-Heim angekommen, müssen sie feststellen, daß das Heim kaum Komfort bietet. Herr Meier geht zum Heimleiter und fragt, ob es möglich sei, wenigstens ein Zimmer mit fließendem Wasser zu bekommen. »Wieso?« fragt ihn dieser. »Wollen Sie vielleicht angeln?«

Achim Fröhlich

Eine bescheidene Frage

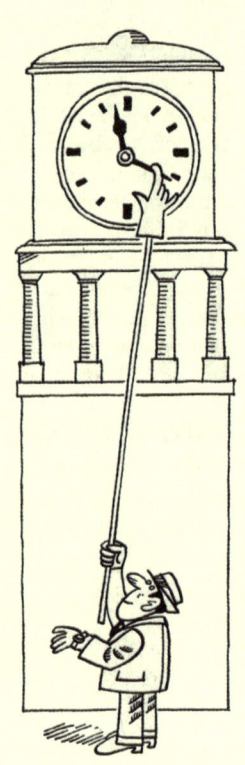

Die Lokomotive des D 42 stand bereits unter Dampf. Da tippte ein Mann dem Fahrdienstleiter auf die Schulter: »Mein Name ist Schwafel«, sagte er sanftmütig, »und ich wollte bloß mal fragen, ob der D-Zug pünktlich abfahren wird.« – »Warum sollte er nicht pünktlich abfahren?« – »Nun, es könnte doch etwas dazwischenkommen.« – »Unsinn! Was sollte denn dazwischenkommen?« Der Fahrdienstleiter schaute Herrn Schwafel verwundert an. »Vielleicht ist gar kein Feuer im Kessel der Lokomotive.« – »Natürlich ist da Feuer drin.« – »Haben Sie reingeguckt?« – »Nein, ich habe nicht rein geguckt.« – »Da haben wir's«, triumphierte Schwafel, »also wird der Zug wohl doch später abfahren.« – »Der Zug fährt pünktlich ab, basta!« fluchte der Fahrdienstleiter. »Na, hören Sie«, widersprach Schwafel, »eben haben Sie noch gesagt, Sie hätten nicht in den Kessel geguckt, ergo können Sie auch nicht hundertprozentig wissen, ob der Zug pünktlich abfahren kann.« – »Zum Kesselgucken sind ja schließlich Heizer und Lokomotivführer da!« – »Vielleicht haben die auch nicht in den Kessel geguckt?!« – »Doch, Sie Nervensäge«, schrie der Fahrdienstleiter, »die haben reingeguckt. Außerdem kommt ja Rauch aus dem Schornstein. Also muß Feuer im Kessel sein!« – »Aber das kann ja noch von gestern drin sein«, mutmaßte Schwafel ungerührt. »Neeeeiiiiinnnn! Das ist von heute, Herr!« – »Es könnte doch noch etwas anderes dazwischenkommen, daß der Zug nicht abfährt!« Dem Fahrdienstleiter traten dicke Tränen in die Augen. »Was soll denn dazwischenkommen?« wimmerte er, »was denn, zum Teufel?« – »Nun, zum Beispiel, daß das Feuer im Kessel nicht richtig brennt! Mein Ofen zu Hause brennt auch manchmal nicht richtig, da muß ich immer erst Benzin dazugeben.«

Der Fahrdienstleiter bekam einen irren Blick und begann zu lallen.

»Um Himmels willen«, schrie er plötzlich hysterisch auf, »jetzt habe ich durch Ihre saudumme Fragerei die Zeit verpaßt! Ich hätte den D 42 bereits vor fünf Minuten abfahren lassen müssen!«

»Na, bitte«, sagte Schwafel. »Ich habe doch von Anfang an gesagt, es kann was dazwischenkommen!«

6. Kapitel

Höher, schneller, weiter

Sportlich sportlich

1958 gewinnt **Helmut Recknagel** die Internationale Vier-
schanzentournee, **Täve Schur** wird Radrennweltmeister.
DDR-Schwimmer und -Leichtathleten stellen Weltrekorde auf.
Die DDR als **Sportnation** – im Spitzen- wie im Breitensport.
Und sportlich gibt sich auch der Erste Sekretär des ZK der
SED, Walter Ulbricht: Auf den Bildern aus dieser Zeit ist er zu
sehen als Skiläufer, Turner, Schlittschuhläufer und, gemeinsam
mit der **First Lady** Lotte, beim Tischtennisspiel. Die Humor-
autoren belustigen sich über Sportler mit Renommiergehabe
oder senden satirische Spitzen an schlechte Fußballer. Hansgeorg Stengel mokiert sich über die **Betriebssportgemeinschaften,** die Arbeitskräfte unter den Gesichtspunkten der
sportlichen Eignung und Spezialisierung auswählen: Profisport
und Firmen-Sponsoring gab es nicht. Leistungssportler waren
Angestellte in Betrieben, auch wenn sie im Arbeitsalltag kaum
zur Verfügung standen. Die Betriebssportgemeinschaften
hießen nach ihren Trägerbetrieben, zum Beispiel **Traktor** in
der Forst- und Landwirtschaft, **Aufbau** in der Bauindustrie,
Chemie in der Chemieindustrie, **Medizin** im Gesundheitswesen, **Turbine** in der Energieindustrie.

Hansjoachim Riegenring

Moral gegen Rückenwind

Soll einer sagen, was er will, und ich gebe zu, es klingt vielleicht etwas überheblich – aber jetzt, nachdem wir es durch die Tat bewiesen haben, kann ich es aussprechen, und jeder Fußballkenner müßte sich sowieso darüber klar sein, und man kann überhaupt beim schlechtesten Willen nicht anders urteilen: Wir waren die bessere Mannschaft! Nichts gegen die Landbevölkerung, es gibt da genau so viele feine Kerle und nette Mädchen wie in der Stadt, aber zwischen einer Kohlrübe und einem Fußball besteht eben ein kleiner Unterschied, und zwecks Demonstration dessen hatten wir die Einladung des FC »Durch Fußballspiel zu Kraft und Schönheit e. V. Unterkohlhausen« angenommen.

Müller IX, unser Spezialist für Fernschüsse, donnerte eine brisante Bombe los. Sein schlecht geschnürter Schuh folgte dem Ball nach.

Dutzende von Zuschauern klatschten bravo, als wir auf das Spielfeld liefen, in unserem berühmten lockeren Laufschritt, der uns im Jahre 1908 fast den Aufstieg in die Unterliga gesichert hätte, wenn wir nicht das darauffolgende Spiel verloren hätten.

Nun standen wir uns Fuß in Fuß gegenüber. Die Mannschaftsführer schüttelten sich. Die Hände.

Aufstellung. Pfiff. Wir waren sofort am Ball. Müller IV hob das Bein und knallte eine Schote quer über das Feld an die feindliche Torlatte. Der Ball zerplatzte, und auf den Torwart rieselte ein feuchter Matsch hernieder. Müller IV hatte mit seinem Bombenschuß eine Kartoffel vom vorigen Jahr ausgegraben. Der Ball lag friedlich lächelnd an seinem Platz.

Dann gings los. Die Stürmer stürmten, die Läufer liefen, die Verteidiger verteidigten, und der Schiedsrichter richtete schied. Müller VI spurtete. Beim Anblick seiner Beine ging ein »Oh« durch die Zuschauermassen. Ich sah ihn übern Rasen rasen, den feindlichen Verteidiger umschiffen – schon lag ein Tor auf den Lippen der Fußballfans, da rutschte ihm der Ball über den Senkel und flog in den Ententeich, der hinter dem Tor lag. Die Zuschauer erhoben sich zu Ehren der Ente für eine Minute von den Plätzen.

Das erste Tor fiel durch einen Elfmeter. Der Schiedsrichter behauptete, Müller VIII hätte den Ball mit der Hand berührt. Das war natürlich glatt erlogen, aber wir wollten uns nicht mit einem Laien streiten.

Unser Torwart stand unerschütterlich. Der Gegner feuerte einen Schuß ab, der nicht für elf, sondern für mindestens fünfzehn Meter berechnet war. Klar, daß unser Schlußmann, Müller XI, darauf nicht gefaßt war. Außerdem verbreitete der Ball nach seinem Ententeichbad einen unsportlichen Geruch, der Müller XI irritieren mußte. Das konnte nicht ungerochen bleiben. Unser Teamgeist, der schon in Nr. 247 der »Klotzenhausener Nachrichten für den Fußballfreund« vom 1. April 1927 lobend erwähnt wurde, erwachte.

Müller II erregte Anstoß, Müller V übernahm das Leder, gab zu Müller III, Müller III krönte die wunderbare Kombination mit einem gekonnten Fallrückzieher, der uns zweifellos den Ausgleich gebracht hätte, wenn Müller VII den Ball nicht in unser eigenes Tor gelenkt hätte. Wir ließen uns nicht erschüttern. Mit ungebrochenen Beinen gingen wir an den Feind.

Die Stimmung stieg. Der Ball beherrschte die Seelen der Spieler und der Zuschauer. Sogar die Hunde bällten.

Müller I focht ein heftiges Duett mit dem gegnerischen Mittelstürmer aus. Hier ging es um hohe Ideale. Sie liebten beide dasselbe Mädchen. Müller I bekam einen Tritt auf die Hühneraugen, daß er kein Pflaster mehr brauchte. Strafstoß.

»Mach doch auf, Liebling! Ich komme vom Training.«

Die Straf(stoß)verteidiger bauten eine Mauer. Müller IX, unser Spezialist für Fernschüsse, donnerte eine brisante Bombe los. Sein schlecht geschnürter Schuh folgte dem Ball nach.

Der Schuh war schneller. Er traf den Torwächter genau auf den Punkt. Ungehindert brauste der Ball über den Knockouten hinweg in den Kasten. Dieser Schuß ging als Evergreen in die Annalen des Fußballsports ein. Die Unterkohlhausener murrten. Sie gönnten uns den Erfolg nicht. Sie warfen mit Kartoffeln. Wir knödelten weiter.

Unser Tormann vollbrachte Großes, und die Behauptung eines Zuschauers, er wäre mehr Tor als Mann, ist eine gehässige Wortspielerei. Als der Unterkohlhausener Rechtsaußen zu einem Nachschuß ansetzte, täuschte ihn unser Kastenwächter auf geniale Art. Er tat, als wolle er sich in die linke Ecke werfen, sprang aber nach rechts. Es war völlig klar, daß er den Ball gehalten hätte, wenn dieser wirklich in die rechte Ecke gegangen wäre.

Das störende Element in diesem Spiel war der Schiedsrichter, der immer im ungeeigneten Moment pfiff. Er fühlte sich sogar beleidigt, als Müller II ihn einen Pfeifenheini nannte, obwohl sich herausstellte, daß er wirklich Heini hieß!

Nach dem Seitenwechsel zogen wir andre Seiten auf.

Wir kämpften bis zum letzten Schweißtropfen. Unsere hohe kämpferische Moral blieb nicht unbelohnt. Wir schossen ein Tor nach dem anderen. Wir bereiteten den Acker für die Frühjahrsbestellung vor. Der Dank der MTS war uns gewiß.

Es war ein klotziges Spiel. Noch heute gilt dieser Kampf als die Geburtsstunde des Freistilfußballs. Der Lohn für unsere größere kämpferische Erfahrung, für unsere hohe Spielmoral konnte nicht ausbleiben. Fünf wunderschöne Tore waren der stolze Erfolg, den wir gegen den Wind, gegen die Sonne, gegen einen unfähigen Schiedsrichter und gegen einen Mittelstürmer erkämpften, der fünf Zentimeter größer war als unserer.

Was bedeuten dagegen schon die zwölf Tore, die die andern schossen!

»So, nun weißt du, was du in meinen Augen bist!«

Logisch

Wenn der Dingsbums nicht mehr foult,
wenn der Schiedsrichter nicht jault,
weil ihm keiner mit Gewalt
Steine vor die Omme knallt,
wenn kein Schienbein mehr zerknackt
und kein Steiß mehr wird zerhackt,
wenn kein Brillenglas mehr splittert
und kein Schlappschwanz mehr erzittert,
wenn Raketen nicht mehr knallen,
daß vor Schreck die Hosen fallen,
wenn kein Schnaps mehr manche müden
Zungen lockert und zu rüden
Zotenschreien animiert,
wenn rein gar nichts mehr passiert,
wenn sich nicht mal ein paar Ochsen
brüllend in die Bäuche boxen:
Dann geht Emmes nicht mehr hin.
Dann hat Fußball keinen Sinn.

Jochen Petersdorf

Eulenspiegeleien

UMKLEIDE-KABINE

„Wenn ich doch nur immer diese verdammte Nervosität vor den Kämpfen ablegen könnte."

Unterholz die Sicht... Und aus dem Wald springt mit einem wilden Satz der Freude ein Jagdhund seinem Herrn um den Hals.

Kurz vor Anpfiff des FDGB-Pokalendspiels kommt noch ein Sportsfreund, ziemlich außer Atem, an das Kartenhäuschen des Walter-Ulbricht-Stadions. »Zu spät«, sagt die Kassiererin. »Das Stadion ist ausverkauft – bis auf den letzten Platz.« »Schön«, nickt der Mann zustimmend, »dann geben Sie mir den!«

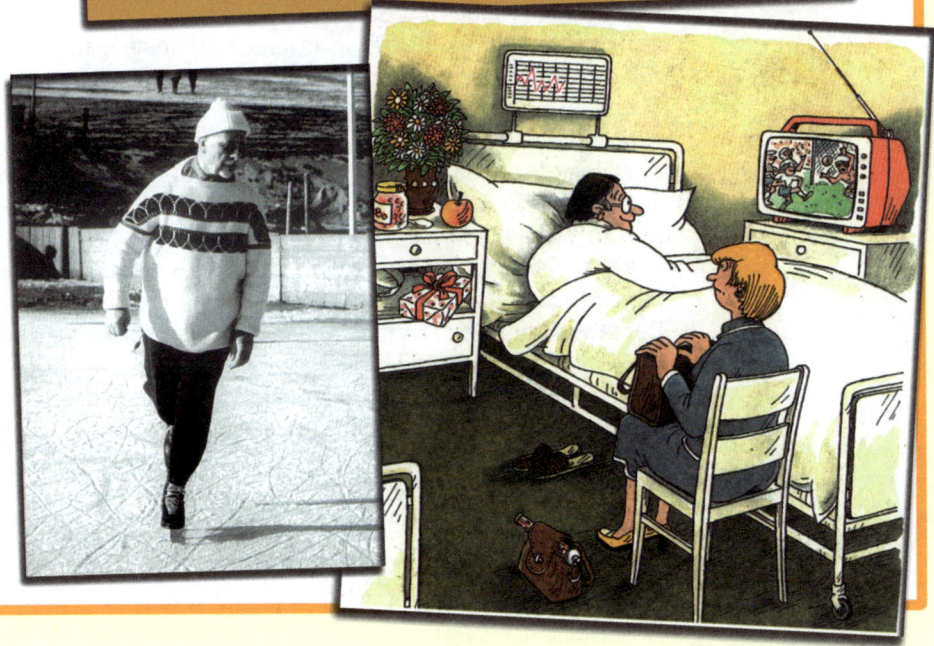

W. W. Aschenbach

Der Mann im Trainingsanzug

Drei Wochen, nachdem sich der vollschlanke Emil Krallmeier zum Kegelsport entschlossen hatte, erhielt er von der BSG seinen Trainingsanzug.

»Sportsfreund«, sagte der Leiter bei der Übergabe zu ihm, »bist du dir auch bewußt, daß dein Auftreten in der Öffentlichkeit mit oder ohne Kegel in Zukunft stets eine Werbung für den Sport sein muß?«

Emil, der bereits die Jacke anprobierte, hielt inne und prüfte kritisch den Stoff. »Ja, ja«, erwiderte er dann, »ich weiß schon, ein Trainingsanzug in dieser Qualität verpflichtet.«

Darauf stieg er ohne viel Umschweife in die Hose, erschreckte die BSG-Stenotypistin mit einem lauten »Gut Holz« und begab sich anschließend zum Fotografen. »Junger Mann«, sagte er zu dem weißhaarigen Lichtbildner, »wenn Sie einundzwanzig verschiedene Aufnahmen mit stark vergrößertem Kegel-Emblem von mir machen, gebe ich Ihnen ein Autogramm.«

Falls Sie es noch nicht wissen sollten: Goethe war auch Sportler!

»Schön«, brummte der Fotograf, der seinen Kunden nicht kränken wollte, »wie hätten Sie es denn gern?«

Emil sah schon wohlgefällig in einen Handspiegel. »Also«, zählte er rasch auf, »die Körperhaltung muß von meisterlicher Eleganz sein und der Gesichtsausdruck auf eine gewisse Popularität schließen lassen.«

Nachdem der neue Kegler zwei dutzendmal fotografiert worden war, verließ er mit geschwellter Brust das Atelier, kaufte sich Tinte, Federhalter und Papier und setzte sich in das Lokal an der Ecke. »Herr Wirt«, rief er dem Budiker zu, »haben Sie mal einen Kalender da? Ich schreibe an die Zeitung.«

Der Mann am Buffet horchte auf. »Sie«, sagte er, »ist was passiert?«

Emil lächelte vor sich hin. »Nein, nein«, beruhigte er, »ich muß nur den Termin für meine Selbstverpflichtung im Kegelsport in das Blatt einrücken lassen.«

»Gratuliere«, beeilte sich der Wirt zu murmeln.

Am anderen Morgen warf Krallmeier den Brief an die Zeitung in den Kasten und ging, im Trainingsanzug, ins Büro.

»Nanu«, wunderte sich der Buchhalter, »kegelt ihr heute schon wieder?«

Emil ließ sich mit Würde an seinem Schreibtisch nieder.
»Nein«, erwiderte er abweisend, »wie kommst du darauf?«
»Hm«, machte der Buchhalter und deutete vorsichtig auf Emils
Kleidung, »ich dachte, weil du in dieser Tracht ...«
Da sprang der Drei-Wochen-Kegler auf, schlug mit der Faust
auf die Tischplatte und sprach vorwurfsvoll: »Was soll diese
hinterhältige Diffamierung des Sports?«
Auf diese und ähnliche Art und Weise gewöhnte Emil nicht nur
die Kollegen, sondern auch die Nachbarschaft an seinen Trai-
ningsanzug. Doch als er am Freitagabend nach Dienstschluß

seinen Friseur aufsuchte und eine
Rasur nebst Kopfwäsche verlang-
te, sagte der Barbier, auf das
Kegel-Emblem tippend: »Aha,
heute geht es wohl wieder zur Ke-
gelbahn?«
Emil blickte ihn befremdet an.
»Nein«, gab er verschnupft Auskunft, »ins Schauspielhaus!«
Kurz vor acht betrat er das Thea-
ter.
»Mein Herr«, sagte der livrierte
Türschließer mit den graumelier-
ten Schläfen höflich. »Verzeihen
Sie, aber Sie haben sich wohl in
der Tür geirrt: Die Sportlerkon-
ferenz ist nebenan im Sport-Ka-
sino.«
Emil fuhr unwirsch herum.
»Quatsch«, knirschte er, »Anrecht
A – 20 Uhr – ›Egmont‹. Falls Sie
es noch nicht wissen sollten: Goethe war auch Sportler!«
»So«, stammelte der Türschließer
verblüfft, während Emil im Trai-

ningsanzug vorbeihuschte, »das ist mir ganz neu. Wo steht
denn das?«
Der neue Kegler marschierte bereits festen Schritts ins Par-
kett. »Wo?« antwortete er. »Wo? – Egmont, erster Aufzug: ›Ihr
nehmt mir's doch nicht! Drei Ringe schwarz, die habt Ihr Eure
Tage nicht geschossen!‹«

Eckehard Bärnighausen

Federball

Die Ferienreise fing wie gewöhnlich auf dem Bahnsteig an. Der Zug hatte Verspätung. Zwischen malerisch umherstehenden Koffern und Eisenbahnern spielten zwei Urlauber Federball. Ich bin gewiß kein Sportgegner. Ich bin stolz darauf, Ersatzmann in der Reserve der 3. Fußball-Kreisklasse zu sein. Außerdem betreibe ich Kurzstreckenlauf, Schwimmen, Boxen und Ringen, was man täglich eben so braucht. Aber Federball. Entschuldigen Sie. Dieses Spiel für die fettleibige Intelligenz, die den Federballschläger gerade noch halten kann, weil er nicht viel schwerer ist als ihr Federhalter, erfordert doch gar keine Kondition.

Während ich am Strande lag und meinen Alabasterkörper mutig der Sonne aussetzte, wurde ich dauernd mit Federbällen beworfen. Den Schmerzen nach hätten es auch Steine sein können. Ringsum belagerten federballspielende Pärchen meine Strandburg. Sie winkten jedesmal drohend mit dem Schläger, wenn ich ihnen den Federball nicht sofort zurückgab. Ab und zu fiel mir auch ein Federballschläger auf den Kopf und ein Mensch in den Rücken. Meine Strandfeste wurde sowieso feste zertrampelt.

Ich grub mich zwei Meter tief ein. Fünfzehn Minuten lang genoß ich die Ruhe und Abgeschiedenheit unter der Erde, bis mir ein Kinderspaten zwischen die Rippen fuhr. In einer tunnelartigen Öffnung erschien ein freundliches Gesicht: »Entschuldigen Sie. Habe ich hier vielleicht meinen Federballschläger liegenlassen?« So konnte das nicht weitergehen. Daher beschloß ich, etwas für die Kultur zu tun, außerdem für meinen Körper. Ich war so frei und ging unter die Freikörperkulturschaffenden.

Die Badehose nachlässig um den Kopf gebunden, pilgerte ich tags darauf gen Kamerun. Aber ich brauchte den Weg nur halb zu gehen. Schon von weitem erblickte ich zwei nackte auf- und niederhüpfende Bäuche, fröhlich vereint im Federballspiel.

Da kaufte ich mir ein Sporttauchgerät mit Motorradbrille, Elefantenrüssel, Entenlatschen und allen Finessen. Ich tauchte zehn, zwanzig, dreißig Meter tief. Unten traf ich zwei Kamera-

den von der GST. Sie spielten Federball. Mir verschlug es das
Atemgerät. Ich mußte auftauchen.

Ich legte mich in meine Strandburgruine und zog ein Gesicht,
das noch schlechter als das Wetter war.

Plötzlich geriet der ganze Strand in Bewegung. Die Nachricht
ging von Strandkorb zu Strandkorb, schneller als der Strand-
funk, aber bedeutend leiser: »In der HO gibts was!« Was, ist
egal. Was wird es auch schon sein. Pfirsiche, Pflaumen oder
AGFA-Filme. Alles rannte los. Ich war der Schnellste. Als ich
den Laden verließ, war ich Besitzer eines Federballspiels.

Der Weg zu den Herzen der Schönen am Strand führt übers Federballspiel. Das merkte ich, als ich dank meiner Neuerwer-
bung das Federballidol des Badeortes geworden war. Meine
tollkühnen Hechtsprünge brachten das Eis und die Strandan-
züge zum Schmelzen. Aber vor diesem Erfolg liegen harte Stunden des Trainings. Ein Federballschläger hat zwanzig Zentimeter Durchmesser. Davon ist ein Zentimeter Holzrand. Am Anfang schlug ich regelmäßig auf diesen Rand oder noch weiter
daneben. Als ich gelernt hatte, kraftvoll zu schlagen, erfuhr ich,
daß Federball wirklich ein Spiel für die Intelligenz ist, besonders in finanzieller Hinsicht.

In kurzer Zeit waren insgesamt hundertsiebenundvierzig Saiten und mir die Geduld gerissen. Ich entfernte alle Saiten bis
auf vier, klemmte das Gerät unter den Arm und spielte darauf
den Federballcalypso. Diese Nummer wurde der Knüller des
Strandfestes.

Ein Federball hat außerdem mit dem Federvieh, das nur eine
hochgezüchtete Rasse von ihm darstellt, eine sehr häßliche
Eigenschaft gemeinsam. Er verliert seine Federn. So eine Art
nicht regenerierende Mauser. Nachdem sich mein siebzehnter
Federball gemausert hatte, mauste ich mir einen neuen. Das
war der größte Fehler in meinen großen Ferien. Ich wurde er-
wischt und war von nun an moralisch disqualifiziert. Statt Be-
wunderung erntete ich nun Haß und kalte Verachtung. Bei
Nacht und Nebel verließ ich den federballtollen Ostseestrand
und fuhr voller Hoffnungen in die Sächsische Schweiz. Ich er-
stieg eine einsame Felsnadel im Schrammsteingebiet. Oben,
auf dem fünf mal fünf Meter großen Gipfelplateau, spielte ein
Pärchen Federball. Mir wurde schwindlig. Ich stürzte ab. Als
ich aus der Narkose erwachte, meinte der Arzt: »In acht Wochen können Sie wieder Fußball spielen.«

Fußball! Endlich ein vernünftiger Mensch.

Zwei Wismut-Aue-
Fans treffen sich.
»Du, meine Frau will
sich scheiden lassen,
wenn ich weiterhin
jedes Wochenende
zum Fußballplatz
gehe.« – »Das ist
aber sehr unange-
nehm.« – »Ja, aller-
dings, sie wird mir
sehr fehlen.«

Erwin F. B. Albrecht

Platzmeister Busenbecker

»Und was machst du beruflich?« fragte ich meinen alten Bekannten Edmund Busenbecker, den ich seit Jahren nicht gesehen hatte, weil ich so gut wie nie in die Petersilienstraße kam. »Ich gehe ganz in der neuen Massensportbewegung auf«, sagte Edmund, «siehst du nicht, wie unsere Straße ihr Gesicht gewandelt hat? Das hat sie meiner Initiative und einem meiner guten Einfälle zu danken. Ich habe den Sport in den Dienst der Abkehr vom Gewohnten gestellt, der Abkehr von alten Schwächen, verstehst du, und der Andrang ist enorm.«

Erst jetzt fiel mir auf, daß die Petersilienstraße tatsächlich ein neuartiges Bild bot. Überall wurde Sport getrieben, nicht nur so von Kindern, sondern ganz ernsthaft und von vielen Erwachsenen.

An einem Portal lehnte ein Hauswart. Plötzlich sprang er auf einen Fußball zu, warf sich aufs Pflaster, aber über seinen Kopf hinweg flog das Leder in meine Weichteile, und der Hauswart von gegenüber schrie »Tor!«

»Durch meinen Sport habe ich wieder mehr Freude an der Arbeit.«

»Diese beiden Hauswarte hatten sich früher gemeinsam dem Trunk ergeben«, erläuterte Edmund, nachdem ich wieder zu mir gekommen war. »Was habe ich gemacht? Ich habe ihnen an einem Katertag einen Fußball mit der Aufschrift ›Der verdammte Suff‹ in die Hand gegeben. Sie traten das Leder mit solcher Hingabe, daß sich daraus fast von allein eine regelrechte Begeisterung für das Fußballspiel entwickelte.«

»Aber könntest …«, begann ich.

»Sieh mal dort«, unterbrach mich Busenbecker, »die Klatschbasen vor dem Konsum. Ihre alte Schwäche, die Redseligkeit, ist verschwunden, seit sie Florett fechten. Mein Werk!«

Tatsächlich stachen vor dem Laden etwa acht Frauenpaare mit eleganten Bewegungen aufeinander ein, und obwohl der Kopfschutz nicht unmittelbar als Maulkorb wirkte, hinderte sie doch der gesunde Kampfeseifer am Reden.

»Aber könntest du ...«, begann ich.

»Und da«, rief Edmund, »sieh dir den Sohn vom Klempnermeister Kroll an!« Ein junger Mann schwang sich mit Hilfe einer langen Stange auf ein Dach. »Nie kam er pünktlich, wenn er die Reparatur einer Dachrinne versprochen hatte. Aber seit er Stabhochspringer ist, drängt er sich geradezu zu dieser Arbeit. Alles mein Werk!« Inzwischen waren wir auf dem Tomatenplatz angelangt. Dicht umstanden die Menschen einen Boxring, und eine Tafel verkündete: »Heute Sühnekampf in Sachen Hauswirtsfamilie Maulbarsch gegen die Mieter Kolbenhauer, Stramm und Schlegelmilch.«

»Auf die dickfelligsten Hauswirte wirkt unser moralischer Massensport«, sagte Edmund, »sie lassen jetzt viel leichter etwas machen als früher. Auch mein Werk!«

»Aber könntest du mit den Leuten ...«, begann ich. »Sieh mal hier rechts, Ecke Selleriestraße«, schrie Busenbecker begeistert, während ein Startschuß krachte. Da spurteten fünf Briefträger mit vollen Taschen über mich hinweg, während auf der anderen Seite fünf Schmerbäuche in feinen Anzügen vergeblich bemüht waren, Schritt zu halten.

Es ist jetzt ein wahres Vergnügen, bei der Postdirektion vorzusprechen.

»Zusteller gegen Bezirkspostdirektion«, erläuterte Edmund, während ich am Boden meine Rippen abtastete, »was meinst du, wie ich die Bürokraten mit diesem Wettbewerb auf Trab gebracht habe! Es ist jetzt ein wahres Vergnügen, bei der Postdirektion vorzusprechen. Es lebe mein Werk! Es lebe die Ausrottung des alten Adams!«

»Aber könntest du mit den Leuten nicht besser auf einem Sportplatz üben?« fragte ich und rappelte mich stöhnend wieder auf. Plötzlich war Edmund von meiner Seite verschwunden, aufgesogen von einer Baseballmannschaft, die auf dem Fahrdamm ein Gedränge verursachte.

Trotz eifrigen Suchens habe ich Busenbecker nicht wiederentdecken können. Eine Viertelstunde später indessen kam ich am benachbarten Sportplatz vorbei. Er war völlig menschenleer, und am Tor hing eine Tafel mit der Aufschrift:

Dieser Sportplatz ist geöffnet!

Das Betreten ist nach Absatz 7 des § 4 der Platzordnung bis auf weiteres untersagt, da der Rasen geschoren wird.

Edmund Busenbecker

Platzmeister

Hansgeorg Stengel

Sonst noch was gefällig?

Wir suchen ferner einen Lohnbuchhalter
mit Hochseil-Praxis (möglichst ohne Netz)
sowie ein Dutzend Materialverwalter
zwecks Dauereinsatz als Programmgestalter
beim Aufbau unseres Laien-Streichquartetts.

Desgleichen fehlen noch zehn Tapezierer
mit Qualifikation zum Trabrennsport,
drei Werkzeugschlosser, vierzehn Spritzlackierer,
ein Botenmeister und zwei Hilfskassierer
zum Küchendienst in unsrem Kinderhort.

Auch eine Sekretärin ist vonnöten,
desgleichen eine Reinemachefrau
fürs Hockey-Punktspiel gegen Motor Köthen
und für den Einlaßdienst zur Landschildkröten-
und Zuchtkarnickelfreunde-Leistungsschau.

Dann sind noch zwei Schofföre zu verkraften,
Bedingung ist, daß beide letztes Jahr
im Skisprung mehr als siebzig Meter schafften
und für Niveau im Lipsi-Zirkel haften,
das im Betrieb bis heute niedrig war.

Wir wollen noch mal kurz zusammenfassen:
Benötigt werden dringend Frau und Mann,
die gut auf unsre Kuppelweide passen.
Der Werkdirektor wird demnächst entlassen,
weil er noch nicht mal hulahupen kann.

7. Kapitel

Unter vier Augen

Über Verliebte und Verheiratete

1957 bezaubert die schönste **DEFA-Märchenprinzessin** kleine und große Kinogänger. Christel Bodenstein spielt die verwöhnte Königstochter in dem Film »Das singende, klingende Bäumchen«, und alle kleinen Mädchen träumen davon, so schön und selbstbewußt wie sie zu sein. Eine andere **Leinwand-Schönheit**, Eva-Maria Hagen, hat in dem Film »Vergeßt mir meine Traudel nicht« ihre erste große Rolle. Hübsche Mädchen sind in dem Revuefilm »Meine Frau macht Musik« zu sehen, aus dem das Titelbild dieses Buches stammt. Das weibliche Kinopublikum schmilzt beim Anblick von Gérard Philipe dahin, der 1957 einen Film bei der DEFA dreht. Auf dem Boden der politischen Tatsachen betont der **V. Parteitag** die Rolle der berufstätigen Mütter. In einer Ausgabe des **Eulenspiegels** aus dem Jahr 1957 liefern sich Renate Holland-Moritz und Hansjoachim Riegenring einen hier nachzulesenden humorigen Schlagabtausch, in dem es um Quantitäten und Qualitäten geht, die Männern und Frauen zukommen. John Stave erfährt eine Abfuhr in Sachen Liebe, und Rudi Strahl stellt die Weisheit, daß alte Liebe nicht rostet, auf den Kopf.

Rudi Strahl

Ein Wiedersehen

Fabian war nicht etwa ihretwegen in die kleine Stadt gekommen, ja, um es genau zu sagen, er erinnerte sich ihrer erst wieder, als er den Bahnhof verlassen hatte und durch die ehrwürdige Lindenallee dem Rathaus zuging, wo ihn eine geschäftliche Angelegenheit erwartete. Beim Duft der Lindenblüten fühlte sich Fabian wieder um Jahre zurückversetzt, und ihm war, als ginge sie leibhaftig neben ihm; sie, Eva, das entzückendste Mädchen der Stadt, dessentwegen ihm seinerzeit manch neiderfüllter Blick gegolten hatte.

Fabian seufzte. Mein Himmel, wie lange ist das schon her, dachte er. Sein Blick streifte einen der Bäume, und er hätte schwören mögen, daß er sie just unter diesem Baum das erstemal geküßt hatte.

Er beschleunigte seinen Schritt. Sie ist ja längst verheiratet, überlegte er, sie hat doch den Sohn vom Gemüsehändler geheiratet, der jedesmal, wenn er ihr begegnete, vor Verlegenheit rote Ohren bekam. Was sie wohl sagen würde, wenn wir uns jetzt träfen? Oder wenn

Soo einen Bauch hat er. Und eine Glatze. Und so viel Falten im Gesicht wie mein Großvater.

ich sie besuchte – in allen Ehren natürlich, mit einer Tüte Bonbons für die Kinder – sicherlich hat sie schon welche …

»Unfug«, knurrte Fabian. Er bog in eine Seitengasse ein, die zum Marktplatz hinunterführte. Er hätte indes lieber die Hauptstraße benutzen sollen, denn gerade dieses Gäßchen barg noch mehr der Erinnerungen als die Lindenallee. Nicht ohne eine gewisse Rührung spähte Fabian in die dämmrigen Torfahrten auf der rechten Seite und die Wildrosenbuschnischen auf der linken, die der stillen Gasse schon vor einigen hundert Jahren den Namen »Liebespfad« eingebracht hatten, einen Namen, der Generationen um Generationen überdauerte, und das mit völliger Rechtmäßigkeit. Es hatte immer einiger Überredungskünste bedurft, um Eva zu einem halbstündigen Bummel hierher zu bewegen …

Ich könnte sie wenigstens anrufen, sinnierte Fabian. Wenn sich ihr Mann meldet, lege ich den Hörer einfach auf. Warum sollte ich ihr Ungelegenheiten machen? Aber ihr Mann wird um diese Zeit gar nicht zu Hause sein. Es ist natürlich Unsinn, jedoch …

Vor der Telefonzelle überlegte er, was er sagen könnte. Ob sie

ihn an der Stimme erkennen würde? Sicherlich nicht. Oder vielleicht doch? Er suchte die Nummer des Gemüsehändlers im
Telefonbuch, wählte. Sein Herz klopfte wie in jungen Jahren.
»Ja?« Das war sie. Das mußte sie sein. Fabian räusperte sich.
»Eva?« – »Ja – wer ist denn am Apparat?«
Fabian hatte mit einem Mal vergessen, was er
sagen wollte. Er preßte den Hörer ans Ohr
und rief mit zitternder Stimme: »Erkennst du
mich nicht? Ich bin's – Fabian!« Sie antwortete nicht gleich, schien zu überlegen. Dann, zögernd: »Fabian?« – »Ja!«
Ein kleiner spitzer Ausruf der Überraschung.
Fabian atmete auf. Bis jetzt hatte er gezwei-
felt, ob sie es wirklich war.
»Fabian!« – »Eva!« – »Wie kommst du denn
hierher? Wie geht es dir überhaupt?« –
»Danke, ach, in Geschäften, weißt du. Und
was machst du?« – »Gott, was man eben so
macht ...« Das Gespräch drohte zu versickern
Fabian überlegte krampfhaft, was es noch zu
sagen gäbe. »Jaa ...« – »Jaa ...« – »Ich habe
noch oft an dich gedacht, Eva!« – »Wirklich?«
– »Wirklich!« – »Und warum hast du nie geschrieben? Außer der einen Karte, meine ich,
die zu meinem Geburtstag kam ...?« Fabian

wußte es selbst nicht. »Ach, weißt du – die Geschäfte«, murmelte er. »Jaa ...«

*»Zerstreut sind die jun-
gen Leute heutzutage.
Gehn in die Pilze und
vergessen das Körb-
chen.«*

»Jaa ... Übrigens, können wir uns nicht einmal treffen? Für
eine halbe Stunde?« fragte Fabian. »Vielleicht in dem kleinen
Café am Markt?«
Sie schien zu überlegen. Fabian gab es einen kleinen Stich, daß
sie solange überlegte. »Gut«, sagte sie endlich. »Und wann?«
»In einer Stunde«, schlug Fabian vor. »Das heißt, wenn es dir
paßt.« Sie war einverstanden. »Bis dann also!« – »Bis dann!«
Die Stunde wurde für Fabian unerträglich lang. Er trank zwei
Glas Bier, verzehrte danach eine Rolle Pfefferminztabletten,
trank noch ein Glas Bier, rauchte ein halbes Dutzend Zigaret-
ten und bummelte dreimal bis zum Bahnhof und zurück. Zwei
Minuten nach der verabredeten Zeit betrat er das kleine Café
am Markt. Mit gemessenen Schritten ging er zur Garderobe,
gab seinen Mantel ab. Und dann sah er sie. Sie saß am Fenster und blätterte in einer Zeitung. Fabian erschrak. Unwillkür-

lich trat er einen Schritt zurück. War es möglich? Das sollte
sie sein?

Es war kaum ein Irrtum möglich, obgleich sie ihrer Mutter –
Fabian erinnerte sich jählings dieser stattlichen Frau, die nie
ins Kino gegangen war, weil ihr die Sitze zu eng waren – obgleich sie also ihrer Mutter ähnlicher sah als sich selbst, als
der schlanken, hochbeinigen Eva, um deren Gunst er von allen
Altersgefährten der Stadt beneidet worden war.

War sie es tatsächlich? Zweifellos.

Fabian verharrte wie angewurzelt auf seinem Platz. Er bereu-
te mit einem Mal, daß er sie angerufen hatte. Am liebsten hätte
er zu Hut und Mantel gegriffen und wäre davongestürzt. Im
gleichen Moment erhob sie sich und kam auf ihn zu. Warum ich
nur angerufen habe! dachte Fabian. Man soll die Vergangenheit
schlafen lassen ...

Sie sah ihn indes nicht, denn sie ging an ihm vorbei und betrat
die Telefonzelle. Fabian hörte, wie sie die Wählscheibe betätig-
te. Er überlegte, ob er nicht doch schnell seinen Mantel holen
und das Lokal verlassen sollte. Er schämte sich des Gedan-
kens, blieb unschlüssig stehen ...

Die Tür der Zelle war nur angelehnt. Eva sprach. Ihre Stimme
zumindest hatte sich nicht sehr verändert. Wie albern ich bin,
dachte Fabian. Ich werde natürlich hierbleiben.

Eva sprach mit einer gewissen Inge. Wider Willen verstand Fabian ihre Worte.

»... stell dir vor, Inge, und ich komme natürlich her. Und eben
ist er gekommen. Ich habe getan, als ob ich ihn nicht gesehen
hätte ... Warum? Also weißt du, Inge, hübscher sind wir ja
auch nicht geworden. Aber wenn du sehen würdest, wie er sich
verändert hat ...« Sie kicherte. Ihr Kichern ließ Fabian zusam-
menzucken. »... entsetzlich, Liebste, ich kann es dir gar nicht
so beschreiben ... soo einen Bauch hat er. Und eine Glatze. Und
so viel Falten im Gesicht wie mein Großvater ...« Sie kicherte
abermals. Fabian starrte mit glanzlosen Augen in den Garde-
robenspiegel. Entsetzlich ...

»... nein, unter keinen Umständen«, hörte er Eva sagen. »Ich
mache mich doch nicht zum Gespött der Leute! Was ich tun
will? Ich bleibe jetzt so lange in der Telefonzelle, bis er gegangen ist ...«

Und Fabian ging.

Eulenspiegeleien

„Aber Kinder, meinetwegen hättet ihr solch einen Tisch nicht zu kaufen brauchen!"

Wir müssen uns noch eins zum Zigarettenholen anschaffen.

Worin unterscheiden sich eine Französin und eine DDR-Frau?
Links hat die Französin ihren Ehemann, rechts begleitet sie ihr Geliebter, hinter sich hat sie eine flotte Nacht und vor sich das nächste Rendezvous.
Die DDR-Frau hat links auch ihren Ehemann, rechts ihre drei Kinder, hinter sich hat sie die Nachtschicht und vor sich die nächste Qualifizierung.

John Stave

Kollege Alibi

Vor einiger Zeit treffe ich Zilli Langenbach, ein gutaussehendes Mädchen, vielleicht 25 Jahre alt. Sie hat ein hübsches Gesicht, dunkles Haar, eine ansprechende Figur und wohlgeformte lange Beine. Sie ist die Frau von Oskar. Ich treffe also Zilli Langenbach, das heißt: sie kommt mir entgegen, auf zwanzig Schritt. Ich nehme schon immer meinen Hut ab und will sie begrüßen, wie man die Frau eines Kollegen begrüßt. Da wird sie meiner ansichtig. Sie verzieht das Gesicht zu einer ganz bösen Grimasse, macht auf hohen spitzen Hacken halbkehrt und geht über den Damm. Und ich stehe da, mit dem Hut in der Hand. Ich bin ein gründlicher, aber leider sehr langsamer Denker.

»Mein Mann bastelt gerade einen Bahnsteig.«

Und so treffe ich am Donnerstag – oder war es Freitag? – Doris Buchholz. Doris Buchholz ist 28 Jahre alt. Ein blonder Bomber, Kollegen, von dem Kaliber, das man in unseren Illustrierten nur mit der Unterschrift sieht, daß wir so etwas nicht sehen wollen oder daß es was mit einem englischen Minister oder einem Rauschgifthändler hatte. Frau Buchholz hat jedenfalls unter anderem einen verwegen kurzen Rock an. Sie ist die Frau von Karl und sozusagen ein Knaller. Als sie auf zirka 20 Schritte heran ist, reiße ich mir den Hut vom Kopf und fange schon immer an, mich langsam zu verbeugen. Da entdeckt sie mich, blickt plötzlich zum Himmel empor und schwebt an mir vorüber. Ich sehe ihr hilflos nach. Ich habe das Nachsehen.

Irgend etwas scheint nicht zu stimmen. Ich versuche meinen Denkprozeß zu beflügeln, und begebe mich in eine Mokkabar. Als ich auf dem Barhocker Platz genommen habe, sehe ich an einem runden Tischchen Albertina Vogel sitzen. Was heißt sitzen? Hindekoriert sehe ich sie auf ihrem Hocker. Albertina ist die Frau von Kurt. Sie ist so eine Schlanke: dunkelhaarig, beinahe ein bißchen extravagant. Sie hat schwarze Augen und kann es sich leisten, an ihren Kleidern oben mächtig viel Stoff einzusparen. Ich winke ihr leger mit der Hand zu; da fährt sie von ihrem Stühlchen hoch, wirft einen Fünfmarkschein auf das Tischchen, mir einen unliebenswürdigen Blick zu und verläßt die Bar mit schnellen Schritten. Irgendwie müssen sie etwas gegen mich haben, überlege ich und fische meinen Hut aus dem Spülbecken, in das er geraten ist, als ich eine ungeschickte Bewegung machte.

Zilli habe ich vor vier Jahren kennengelernt, es war auf einem Betriebsfest. Doris kenne ich sechs Jahre. »Sie sind ein reizender Mensch«, hatte sie damals zu mir gesagt, »mein Mann hat mir schon viel von Ihnen erzählt.«

Albertina ist die Älteste der drei; wir kennen uns seit vielen Jahren und haben uns bereits mindestens sieben-, achtmal gesehen. Die Ehefrauen der Kollegen bekommt man ja nicht so oft zu Gesicht. »Kurt lobt Ihre stets kameradschaftliche Hilfsbereitschaft, lieber Johannes«, sagte Albertina seinerzeit charmant.

Dann sitze ich wieder in meinem Büro. Ich habe ein kleines Zimmer für mich. Vom Garderobenhaken tropft der Filzhut. Ich habe an sich gar kein bestimmtes Aufgabengebiet in unserem Betrieb, aber man rühmt mein ausgesprochenes Organisationstalent. Hin und wieder werde ich zu wichtigen Sitzungen herangezogen. Ich greife zum Telefon und rufe Gudrun an. »Gudrun«, sage ich, »wenn du gerade Wasser heiß hast, mach mir bitte einen Kaffee mit, gell?«

Eine Minute später kommt Gudrun mit dem Kaffee. Sie hat ihr allerbestes Kleid an, und beim Frisör war sie auch. Gudrun ist ungefähr 19. Man hat den Eindruck, daß sie noch ein wenig entwicklungsfähiger wäre. Dieser Meinung ist auch Oskar. Er ist Abteilungsleiter und hat es auf der letzten Sitzung, auf der über Kaderfragen diskutiert wurde, so formuliert: Gewiß, Kollegen, orthographiemäßig haut es bei der Gudrun nicht so richtig hin, aber sonst finde ich, daß sie sehr entwicklungsfähig ist!

»Danke, Gudrun«, sage ich und will gerade ein paar passende Bemerkungen über ihr Kleid machen, da klingelt das Telefon. Es ist Oskar. »Altes Haus«, sagt er, »du mußt heute abend mit mir zu einem Vortrag in die Akademie gehen. Mit Diskussion!«

»Es geht leider nicht, Oskar«, sage ich, und Gudrun errötet heftig und verschwindet aus dem Zimmer.

»Pflaume!« sagt Oskar, »doch nur pro forma. Was könnte denn da so diskutiert worden sein, na?«

»Nun«, sage ich nach einigem Überlegen, »vielleicht über Wesen und Art des Einrahmens von Ölbildern in der späten Epoche der Steinzeit ...«

»Danke dir, Kumpel. Und viel Spaß!«

Ob er seine Frau mitnimmt?

Am nächsten Morgen läutet das Telefon. »Paß auf«, sagt Karl schlicht. »Wir waren gestern bis zwölf im ›Elefanten‹ und sind dann noch zu Professor Gobelin mitgegangen, der uns unbedingt seine Diaminomonokarbonsammlung zeigen wollte.«

Der Betriebsarzt in einem VEB hat Sprechstunde. Die erste Patientin ist hochschwanger. »Wann ist es denn soweit?« fragt der Arzt. »Am Dienstag in 14 Tagen«, antwortet die Frau. Auch die nächste Patientin ist schwanger. Auf die Frage, wann mit ihrer Niederkunft zu rechnen ist, gibt sie die gleiche Antwort: »Am Dienstag in 14 Tagen.« Und schließlich bekommt er von der dritten Patientin erneut diese Auskunft. Als er eine vierte Schwangere befragt, bekommt er zu hören: »Am Freitag in drei Wochen.« Der Arzt: »Merkwürdig, bisher waren nur schwangere Frauen hier, die mit ihrer Niederkunft am Dienstag, dem 14. rechnen.« Die Frau: »Das kann ich Ihnen erklären, Herr Doktor. Ich war bei dem Betriebsausflug nicht dabei.«

»Was für eine Sammlung?«

»Seine Diaminomonokarbonsammlung! Ist doch nur für alle Fälle, klar?«

Ich nehme an, daß er mit der blöden Fitzer aus war, einer lang-aufgeschossenen Ziege, die keinen Schatten wirft. Diaminomo-nokarbon. Notiert. Kurt hat sich nicht so festgelegt, damenmä-ßig betrachtet. Mittwochs und freitags sind seine Tage. »Weißt du, was ich zu Albertina gesagt habe?« fragte er mich einmal. »Na?« – »Der Johannes ist ein sehr angenehmer Mensch, ruhig, bescheiden, überlegt in seinen Handlungen – ein wertvoller Kol-lege. Nur mit seiner Kegelei, da kennt er keine Grenzen!«

»Kegelei?«

»Na ja! Du schleppst mich jeden Mittwoch und Freitag zum Ke-geln mit. Ich kann es dir einfach nicht abschlagen ...«

Inzwischen bin ich 38 Jahre alt geworden. Ich habe eine gute Position. Nun meint auch meine Mutter, daß es lang-sam Zeit wäre, sich unter den Schönen des Landes ein wenig umzutun. Aber ich bin ja im Grunde genom-men nur – rein theoretisch –wenig umhergekommen. Was ich mir wünsche, ist eine Frau, die mit mir ein gemütliches Heim teilt. Sie muß keine Filmschönheit sein. Sie muß nicht beson-ders klug sein. Herzensbildung, das muß sie haben!

Und so ziehe ich Kollegin Ursula Tomatski in die engere Wahl. Ich weiß, daß sie ein Kind hat und eine kleine Neubauwohnung. Ihr Mann war ein Herumtreiber gewesen. Pech.

Kollegin Tomatski – ihr Name war ihr von Anfang an nicht sehr sympathisch – sitzt in der Buchhaltung und ist Mitte Dreißig. Sie sieht angenehm aus. Mir lacht sie stets recht freundlich zu. »Das ist schön, daß Sie mal vorbeisehen, Kollege Johannes«, sagt sie fröhlich, als ich in ihr Zimmer trete.

»Nun«, sage ich etwas verlegen, »es ist nicht der Zufall, der mich vorbeiführt, vielmehr ist es ein innerer Drang!« Sie sieht mich etwas erstaunt an. »Gewissermaßen«, sage ich, »ist es eine Frage von tieferer Bedeutung. Wollen Sie, verehrte Ulla, äh – gewissermaßen – meine Frau werden?«

Da lacht sie! »Hahaha«, lacht sie, ein wenig schrill. Ich bin ver-steinert. Obwohl ich vom Hörensagen wußte, daß so etwas schwierig wäre. »Sehen Sie mal, Johannes«, sagt sie, steht auf und legt mir ihre warme Hand auf die Schulter. »Sie haben ein wenig getrunken; nun, das kommt vor. Außerdem sollten Sie auf Ihre alten Tage nicht solche Dummheiten begehen. Sie leben doch Ihr Leben. Niemand ist da, der Ihnen Vorwürfe macht. Ich kann Sie fein leiden, gewiß; aber als Ehemann sind Sie mir zu unsicher. Da hätte ich ja gleich Tomatski behalten können ...«

Sie sollten auf Ihre alten Tage nicht solche Dummheiten begehen.

Erich Hanko

Jetzt pfeift's anders!

Oswald hatte noch nichts von den neuen Heiratsbestimmungen gehört. Deshalb pfiff er lustig vor sich hin, auch noch im Rathaus, und er hörte erst auf zu pfeifen, als er an die Tür des Standesbeamten klopfte.

Der Standesbeamte las in einem sehr dicken Buch. »Guten Morgen, Herr Standesbeamter*«, sagte Oswald, »ich möchte unser Aufgebot bestellen. Wir wollen nämlich heiraten.«

Der Standesbeamte legte das Buch hin und schob die Brille auf die Stirn.

»Sie wollen heiraten? Ja, haben Sie denn einen Heiratserlaubnisschein?«

»Nein«, sagte Oswald verblüfft. »Was ist das?«

Der Beamte hob das sehr dicke Buch in die Höhe. »Neue Bestimmungen! Wissen Sie davon noch nichts? Das planlose, ungeregelte Heiraten hört auf! War ja auch nicht mehr mit anzusehen. Jeder Mopedfahrer muß eine Fahrprüfung ablegen. Aber heiraten konnte jeder, wie es ihm gerade paßte. Ohne Qualifikationsnachweis. Damit ist jetzt Schluß.«

»Das Geld für die Küche können wir doch sparen, wenn wir immer am Kiosk essen.«

»So?« sagte Oswald. »Und ich wollte gerade anfangen. Wo kriegt man denn diesen … hm … Heiratserlaubnisschein oder wie das Ding heißt?«

»Den bekommen Sie nur, wenn Sie an einem Ehevorbereitungs- und Ausbildungskursus teilgenommen und die Abschlußprüfung bestanden haben. Besitzen Sie einige Vorkenntnisse?«

»Ich …. äh … wir … meine Braut und ich, wir haben uns schon etwas mit diesen … diesen Dingen beschäftigt.«

»Theoretisch oder praktisch?«

»Hauptsächlich praktisch, jawohl. In erster Linie praktisch.«

»Ist sonst noch etwas erforderlich?« fragte Oswald etwas verwirrt und rückte seinen Schlips zurecht. »Oder ist das alles?«

»Einige Formalitäten sind noch zu erfüllen. Sie müssen eine Eheunfallversicherung abschließen.«

»Warum das?«

»Junger Freund«, sagte der Standesbeamte nachsichtig, »Sie können das alles noch nicht so richtig beurteilen, weil Ihnen die Erfahrung fehlt. In der Ehe treten zuweilen überraschende Situationen ein. Sehen Sie sich mein rechtes Ohr an.«

Oswald tat es. Das Ohr war ziemlich deformiert. Eine Art Blumenkohlohr, wie es in der Fachsprache der Boxer heißt. »Dieses Ohr«, fuhr der Standesbeamte fort, »ist die Folge eines von der Versicherung anerkannten Eheunfalls. Eine Suppenterrine flog dagegen.«

»Sind die Prämien sehr hoch?« fragte Oswald. »Meine Braut ist von sanfter Gemütsart, und ich glaube eigentlich nicht ...«

»Die Prämien werden individuell abgestuft, je nach dem Temperament des Ehepartners. Und dann müssen Sie natürlich eine Fahrschule für Kinderwagen absolvieren. Welchen Beruf üben Sie aus?«

»Ich bin Lastwagenfahrer.«

»Das entbindet Sie nicht. Aber die Fahrprüfung wird Ihnen unter diesen Umständen wahrscheinlich keine großen Schwierigkeiten machen. Im Augenblick findet gerade eine Prüfung statt. Sie können sich das ruhig mal ansehen.«

Der Beamte führt Oswald zum Fenster. Unten im Hof waren ungefähr zwanzig Kinderwagen versammelt, die von teilweise schon recht gereiften Eheanwärtern auf einer Versuchsstrecke mit den verschiedenartigsten Verkehrszeichen an der Prüfungskommission vorbeigesteuert wurden. Oswald hörte, wie der Fahrlehrer in das Megaphon rief: »Achtung! Bierwagen von links!«

Der Standesbeamte sah ihn triumphierend an. »Sie sehen, wir tun alles, was in unseren Kräften steht, um die Voraussetzung für glückliche und harmonische Ehen zu schaffen. Sie können sich also ruhig vornotieren lassen. Natürlich unverbindlich.«

»Ich möchte lieber nicht«, sagte Oswald und atmete schwer. »Ich habe Angst.«

»Sie wollen also nicht heiraten?« fragte der Beamte befremdet.

»Nein«, sagte Oswald. »Es ist zu schwierig.«

»Wie alt sind Sie?«

»Vierunddreißig Jahre.«

»Dann haben Sie nicht mehr viel Zeit. Nach den neuen Bestimmungen besteht vom fünfunddreißigsten Lebensjahre an Ehepflicht. Davon können Sie nur durch einen Ehebefreiungsschein entbunden werden. Und der ist noch schwerer zu kriegen als der Eheerlaubnisschein.«

Die amtliche Bezeichnung »Beauftragter für das Personenstandswesen« wurde aus Papierersparnisgründen vermieden.

Renate Holland-Moritz

Knappe Frau

Meine Damen, eine große Zeit bricht an! Jahrelang hat man uns nicht zu würdigen gewußt, hat wegen der quantitativen Überlegenheit der Frau ihre qualitative weder anerkannt noch zur Blüte kommen lassen. Nun endlich findet dieses schreiende Unrecht sein ruhmreiches Ende. Das Blättchen hat sich gewendet! Wir sind nicht mehr Massenbedarfsartikel mit ungeahnter Stückzahl, sondern Raritäten!

Teuer bezahlen sollen die Herrschaften, die sich bisher nicht scheuten, uns heimlich die Weinrechnung zuzuschieben. Mein Racheplan ist so gut wie fertig. Mit Herbert gehe ich in ein

»Denken Sie nur, Frau Radke, soeben habe ich meinen verlorenen Knirps wiederbekommen.«

HO-Café der Preisstufe I konditern: Wenn die Rechnung etwa zwei seiner Wochenlöhne ausmacht, verabschiede ich mich mit kurzem arrogantem Kopfnicken und verlasse das Café mit dem wesentlich netteren Herrn vom Nebentisch.

Der soll mich in ein Kabarett mit Weinzwang führen. Selbstverständlich kommt nur weißer Bordeaux oder Tokajer in Frage. Danach bitte ich den Ober, mit Hans zu telefonieren, damit er mich in seinem Wartburg-Luxus-Kabriolett abholen kann.

Mit ihm gehe ich in ein Tanzlokal, befehle, mir sämtliche Rosensträuße des Blumenmännchens zu kaufen (Mädchen sind für diesen Beruf zu knapp), und trinke dann so lange Sekt, bis ich Hans nicht mehr kenne.

Der neue Herr, der bereits mit schmachtenden Blicken auf der Lauer lag, darf mich bis zur Haustür meiner Villa fahren, die ich mir von Horst schenken lasse. Im Wohnzimmer wartet bereits Stefan, der nunmehr die Ehre hat, mir einen starken Mokka zu kochen, um dann sofort zu verschwinden.

Diesen Tagesablauf werde ich für einige Zeit beibehalten; lediglich die männliche Statisterie kann ausgewechselt werden. Besonders blutige Rache nehme ich an Michael, der mir im blühenden Alter von 17 Jahren das Herz brach. Wenn ich die Scheidung von seiner Frau durchgesetzt habe, verabrede ich mich mit ihm zwecks Heirat auf dem Standesamt. Dort lasse ich ihn fünf Stunden auf glühenden Kohlen sitzen, rausche dann in einer silbergrauen Dior-Toilette an, im rechten Arm ein Orchideen-Bukett, am linken Michaels Freund Gerry. Plötzlich entdecke ich Michael, gehe erfreut auf ihn zu und bitte ihn liebenswürdig, mein Trauzeuge zu sein.

Oh, heimzahlen will ich es ihnen, all den Chefs und Abteilungsleitern, an deren polygamen Neigungen ausschließlich die ungepflegten, beziehungsweise politisch zurückgebliebenen Ehefrauen schuld waren! Ich werde ihnen zu verstehen geben, wie gut ich sie verstehe! »Aber natürlich«, werde ich sagen, »können Sie auf eine Tasse Tee zu mir kommen!« – »Wie, Sie interessieren sich auch für Kakteenzucht? Aber bitte sehr, Sie sind mir stets ein willkommener Zuchtfreund!« – »Selbstverständlich liebe ich die klassische Musik. Sie dürfen gern meine Plattensammlung besichtigen!«

Und alle, alle sollen sie kommen! Am gleichen Tag, zur gleichen Stunde, ins gleiche Zimmer. Sobald sich die Herrschaften von ihrem ersten Schreck erholt haben, können wir eine Gewerkschaftsversammlung mit dem Thema «Die Stellung der Frau in der DDR» durchführen. Nie zuvor wird eine Versammlung so gut besucht gewesen sein!

Viel haben wir, meine Damen, während dieser glorreichen Zeit zu tun. Nutzen wir die Gelegenheit! Beweisen wir den Männern, wie entbehrlich sie sind, wenn es ihrer genug gibt!

Für mich erhebt sich nun noch die Frage: »Was mach ich mit Peter, meinem Verlobten?« Am besten ist, ich vergesse ihn irgendwo, in der S-Bahn oder bei Bekannten. Wie man gern einen alten Regenschirm stehen läßt, damit man die moralische Rechtfertigung zum Kauf eines neuen hat. Aber den Peter, der niemals Blumen mitbringt, schrecklich knickrig ist und mir höchstens einmal im Monat das Geschirr abtrocknet, wird mir sicher niemand abnehmen. In drei Tagen habe ich ihn garantiert zurück.

Na schön, so werde ich ihn eben behalten. Eigentlich gefällt mir auch gar kein anderer ...

Anfrage an den Sender Jerewan: Sollte ein Mädchen, das nach den Prinzipien der sozialistischen Moral lebt, schon um acht Uhr ins Bett gehen?
Antwort: Im Prinzip ja, denn um zehn sollte es zu Hause sein.

Hansjoachim Riegenring

Häufiger Mann

Als langjähriger Zeitungsleser und Normalverbraucher bin ich es gewöhnt, Statistiken und Zahlen statisch mit 100%iger Skepsis zu betrachten. Ich halte diese Zahlenangaben einfach für eine Angabe. Es gibt doch – man verzeihe mir diese Indiskretion –, die ich nur im Dienst der Wahrheit begehe, ohne Rücksicht auf Vorgesetzte und Filmstars – eine nicht kleine Anzahl Männer, die mehrere – hm – Freundinnen – hm – versorgen. Daraus kann jedes Kind mit Hilfe der Infinitesimalrechnung bis auf drei Stellen hinter dem Komma errechnen, daß es mehr Männer als Frauen gibt.

Nehmen wir aber an, die Zahlen stimmen, die Anzahl der männlichen Individualitäten übersteigt die Masse der Frauen.

Obwohl ich die Schlüsse, die meine verehrte Kollegin Holland-Moritz daraus gezogen hat, kaum kenne, fällt es mir nicht schwer, sie zu widerlegen.

Wie kaum anders zu erwarten, verliert sie sich in utopischen Superemanzipationsphantasien, die in keinem Verhältnis zum wahren Verhältnis der Verhältnisse stehen.

»Das Häuschen hat er aber fertig gemacht!«

Ich kenne diesen Hang zum Übertreiben. Nichts Weibliches ist mir fremd. Was bedeutet es denn schon, wenn heutzutage etwas knapp wird?

Das ist einfach eine vorübergehende Produktionsstörung, die keinen Mann dazu verleiten sollte, erst Frauen zu hamstern und dann Kinder zu horten.

Ich empfand es oft als lästig, wenn mein nach Einsamkeit dürstendes Männerherz von liebeshungrigen Back- und älteren Fischen in den Belagerungszustand versetzt wurde. Ich atme die Luft der Freiheit ein und den Odem der Liebe aus. Das Verzeichnis weiblicher Telefonnummern, bis zur letzten Null von Liebesglut durchtränkt, wird nur noch meinen Ofen um einige Kalorien erwärmen.

Ich werde nicht den erotitaktischen Fehler begehen, nun etwa meinerseits von mir aus die Frauen zu umschwärmen. Wenn eine umschwärmt werden will, soll sie sich einen Bienenstock kaufen.

Ich weiß, die Frauen werden auf ihre Mangelware gewordenen Reize pochen, Gänseblümchen wollen als seltene Orchideen behandelt werden. Dann werde ich hintreten vor den Rat der ratlosen Männer und sie aufrufen zum Streik, zum Streik der Liebe, als ein Lysistratus der Moderne.

Ich bin auch bereits dabei, für Zeiten besonderer Frauenknappheit den Plan einer Lotterie auszuarbeiten, in der Frauen verlost werden, eine Lotterie unter der Parole »Los vom Weibe!« Wer einen Gewinn zieht, bekommt eine Frau, wer eine Niete zieht, hat eben Glück gehabt.

Aus reinen Stückzahlveränderungen schließen die Frauen darauf, daß Männer in Zukunft leichter und billiger zu haben sind. Durch solche Lug- und Trugschlüsse dürfen wir uns nicht in den Bocksbeutel jagen lassen! Verliert etwa eine Qualitätsware an Wert, wenn die Quantität vergrößert wird? Ich persönlich sehe in der Zunahme der männlichen Geburten – ich meine der männlichen Geborenen gegenüber ihren weiblichen Säuglingskollegen – einfach den allgemeinen Wunsch der Menschheit nach dem Besseren, Schöneren, Wertvolleren.

Von den Möglichkeiten, durch die modernen Methoden der Geschlechtsumwandlung einen Ausgleich zu schaffen, will ich gar nicht reden. Ein gewisser Männerüberschuß muß ja einfach da sein, bei dem Verschleiß, den die Ansprüche der modernen Frau zur Folge haben. Ich kann daher den Männern nur sagen: Behaltet die Nerven, eßt Traubenzucker. Laßt euch nicht durch eine Ladenschlußpsychose zum Erwerb von Ladenhütern und Antiquitäten hinreißen!

»Was, bloß Drillinge?
Ich bin ein geschlagener
Hund!«

Wir werden den Frauen zeigen, was wir wert sind. Sie sollen in die Knie sinken vor dieser Massierung von Kraft, Geist und Intelligenz! Wir werden ihnen die Auswahl so schwer machen, daß sie froh sind, wenn die neue Weltmacht Mann sich ihrer minderheitigen Einsamkeit erbarmt.

So ungern ich freudig die Luft- und Lustschlösser meiner Kollegin, die Luxusseifenseifenblasen ihres neuerwachten Selbstbewußtseins mit dem Sturm der nüchternen, nur dem Manne eigenen Logik zerblase, muß ich doch eins fest- und sicherstellen: Die Zeiten sind vorbei, in denen sich die Minderheit der Männer von der Überfülle der weiblichen Reize erdrücken ließ! Die Frauen werden in Zukunft sehr ruhig und bescheiden sein müssen, denn jetzt sind wir die Stärkeren!

Laut Statistik.

8. Kapitel

Wo wir sind, ist vorn

Es geht seinen sozialistischen Gang

Im Auf und Ab der **sozialistischen Kaderpolitik** gibt es in den Jahren 1957 und 1958 viel Bewegung. **Erich Mielke** wird vom Staatssektär in den Rang des Ministers für Staatssicherheit erhoben. **Walter Ulbricht** entfernt die hochrangigen Genossen Karl Schirdewan, Ernst Wollweber und Fred Oelßner, die anderen **Sozialismusvorstellungen** als er selber anhängen, aus ihren Ämtern. Während diese auf Posten in der Provinz kaltgestellt werden, kommen der Verleger **Walter Janka** und der Philosoph **Wolfgang Harich** ins Gefängnis, verurteilt wegen konterrevolutionärer Verschwörung und Boykotthetze. Vom Nutzen guter Beziehungen berichtet Fritz Bernhard; es ist nicht Hochstapelei schlechthin, sondern eine Spielart in den Farben der DDR, daß allein die Vortäuschung guter Beziehungen Effekt zeitigt. Und da allzu oft ganz vorn der Typ des scheinheiligen und Vorzeigefunktionärs zu finden ist, macht Nils Werner seinen satirischen Vers auf ihn.

Hanskarl Hoerning

Kunst(ver)kenner

»Kollegen, Freunde, Genossen. Wir betreten diese Kunstausstellung mit den Worten des Kollegen Goethe: ›Natur und Kunst, sie scheinen sich zu fliehen und haben sich, eh man es denkt ... *lugt auf einen Spickzettel* gefunden.‹ Kollegen, ihr alle wißt, sozialistischer Realismus, das ist – objektive Widerspiegelung der Realität im Prozeß. Nun gut, sehen wir uns also zu-

nächst dieses Bild hier vor uns an. Was zeigt es uns? Es zeigt uns eine – im Kampf um die sozialistische Produktion erblühte Bäuerin unserer Republik – in der Tracht ihrer unterdrückten Urahnen. Nur, also ehrlich, der Ausdruck ihres Gesichtes – der scheint mir nicht ganz sozialistisch-realistisch. Es fehlt fast völlig das Zukunftsweisende! Nun, Kollegen, vielleicht können wir hier anhand des Kataloges feststellen, aus welchem Bezirk unserer Republik diese Bäuerin stammt, damit wir den Maler kritisieren können. Sieh doch mal nach, Kollege – Bild Nummer – 231.«

Einer aus der Gruppe: »231. Bäuerin. Ölgemälde von Albrecht Dürer.«

»Dürer? Ach so. Dürer ist natürlich nicht von heute. Er ist gewissermaßen ein Vorgänger des sozialistischen Realismus. Gehen wir weiter.

Aha, hier. Ja, also während Dürer ausgesprochener Realist ist, sehen wir nun hier ein Bild aus der Zeit der Romantik: eine Waldlandschaft und eine Feuersbrunst. Nun, Kollegen, das ist unrealistisch. Das ist erträumt. Wer könnte das Bild gemalt haben? Ich tippe auf Moritz von Schwand. Schwund. *Lugt auf den Zettel.* Schwind. Immer diese unregelmäßigen Vergangenheiten. Na ja, wir wollen hier nicht rumraten, gucken wir lieber noch mal im Katalog nach, Bild Nummer ... Nummer ... Was ist denn los? Hier steht überhaupt keene Nummer dran! Ach, Kollege Wärter, Komm Se doch mal! Wissen Sie, wer das Bild hier gemalt hat?«

Der Wärter: »Das? Das ist doch keen Bild! Das is e Plakat: Helft Waldbrände verhüten!«

Ralph Wiener

Kreislaufstörungen

Beim Rat des Kreises laufen viele Sachen an. Wie lange sie dann laufen, ist schwer im voraus zu sagen. Einige wenige laufen sehr lange. Die meisten laufen länger.

Ich wollte mir einen Hühnerstall bauen.

Nun ist zwar nicht gleich ersichtlich, was der Bau eines Hühnerstalls mit dem Rat des Kreises zu tun hat – aber das macht nichts. Es wird sich später klären, wenn ich erwähne, daß der Bau eines Hühnerstalls von der Abteilung Aufbau beim Rat des Kreises genehmigt werden muß. Vorläufig tut es nichts zur Sache.

Ich ging also zur Abteilung Aufbau in der Schillerstraße 17.

»Guten Tag!«

»Sie wünschen?« fragte eine mir gänzlich unbekannte Dame.

»Verzeihung«, sagte ich, »aber ich war vorige Woche schon einmal hier, da habe ich mit Kollegin Sommer ausführlich gesprochen.«

»Kollegin Sommer arbeitet jetzt in der Kulturabteilung«, erwiderte die Dame. »Seit Montag bin ich hier; ich war nämlich bis jetzt in der Abteilung Landwirtschaft. Worum handelt es sich?«

Mit überzeugenden Worten legte ich der neuen Kollegin meinen Plan zur Errichtung eines Hühnerstalls dar.

»Da sprechen Sie am besten mit dem Abteilungsleiter«, sagte die Dame schließlich. »Freitag vormittag ist Sprechzeit.«

Am Freitag hing ein Schild an der Tür: Die Abteilung Aufbau befindet sich jetzt in der Rathenaustraße 32.

Ich ging in die Rathenaustraße. Die mir nicht mehr gänzlich unbekannte Dame war nicht zu sehen. Statt dessen eine andere.

»Verzeihung«, sagte ich, »vor drei Tagen habe ich in dieser Abteilung mit einer Dame gesprochen.«

»Ach, Sie meinen Kollegin Friemann«, unterbrach mich die gänzlich Unbekannte. »Sie ist jetzt in der Abteilung Finanzen, ich bin aus der Abteilung Handel und Versorgung nach hier versetzt worden.«

»Es handelt sich weder um Finanzen noch um Versorgung«, sagte ich, »sondern um die Genehmigung zum Bau eines Hühnerstalls. Deshalb möchte ich den Abteilungsleiter sprechen.«

»Haben Sie schon eine Zeichnung eingereicht?« fragte die Kol-

Im Himmel hat der Sozialismus gesiegt. Eines Tages klopft ein alter Herr an die Himmelspforte und bittet um Einlaß. Kaderleiter Petrus stellt dem Neuankömmling einige prüfende Fragen, zuerst zum Klassenstandpunkt; sie werden zur Zufriedenheit beantwortet. Dann folgen Fragen zur sozialen Herkunft. »Was war dein Vater?« – »Anwalt.« Petrus runzelt die Stirn. »Und deine Mutter?« – »Tochter eines Kaufmanns.« – »Und deine Frau?« – »Adlige.« »Verflixt ungünstig. Und was hast du selbst so gemacht?« – »Einige Bücher geschrieben.« Petrus ist skeptisch. »Kein Prolet, bürgerlicher Herkunft, dazu eine adlige Frau! Es wird schwer, dich hier aufzunehmen. Aber vielleicht klappt es ja, ich notiere vorsichtshalber mal. Wie ist dein Name?« – »Karl Marx.«

legin, die meine Frage nach dem Abteilungsleiter offensichtlich überhört hatte.

»Nein«, antwortete ich.

»Die müssen Sie auf jeden Fall erst bringen«, belehrte sie mich und fügte hinzu: »Am besten, Sie kommen am Mittwoch nachmittag wieder.«

Am Mittwoch hing ein Schild an der Tür: Die Abteilung Aufbau befindet sich jetzt am Karl-Marx-Platz 29.

Ich ging zum Karl-Marx-Platz, wo mich zur Abwechslung diesmal ein junger Mann begrüßte.

»Freundschaft!« rief er mir entgegen und stellte sich vor: »Schulze, bisher Abteilung Jugendhilfe und Heimerziehung.«

»Ich möchte einen Hühnerstall bauen«, seufzte ich, »und die vorige Kollegin ...«

»Sie meinen Kollegin Sauerbier«, unterbrach mich der junge Mann. »Sie arbeitet jetzt in der Abteilung Planung. Was hat sie Ihnen gesagt?«

Ich erschrak im selben Augenblick, denn etwas Furchtbares war mir eingefallen.

»Ich sollte eine Zeichnung einreichen«, erwiderte ich und legte dieselbe vor.

»Wird geprüft!« versicherte der junge Mann, indem er mich für Montag bestellte.

Am Montag hing ein Schild an der Tür: Die Abteilung Aufbau befindet sich jetzt in der Schillerstraße 17.

Donnerwetter! dachte ich und betrat am Montag die mir bereits bekannten Räume. Mein Herz machte einen Freudensprung, denn vor mir saß – Kollegin Sommer!

»Liebe Kollegin«, jauchzte ich, »ich bin ja so froh, endlich wieder Sie hier zu finden. Wir hatten doch ausführlich den Bau meines Hühnerstalls besprochen. Darf ich nunmehr um die Genehmigung bitten?«

Die Kollegin Sommer warf mir einen kühlen Blick zu: »Mein Herr, ich bin jetzt Sachbearbeiterin in der Abteilung Gesundheitswesen. Die Abteilung Aufbau ist umgezogen.«

»Da lachen ja die Hühner!« rief ich und erschrak im selben Augenblick, denn etwas Furchtbares war mir eingefallen. Ich lief nach Hause und sah die Bescherung: Meine zwölf Legehühner, die ich bis dahin im Schlafzimmer einquartiert hatte, waren in die Badewanne verfrachtet worden, und an der Schlafzimmertür hing ein Schild, auf welches meine Frau geschrieben hatte: Ich befinde mich ab heute bei meiner Mutter!

Eulenspiegeleien

V. PARTEITAG
DER SOZIALISTISCHEN EINHEITSPARTEI DEUTSCHLANDS

DER SOZIALISMUS SIEGT

WAHLAUFRUF
DER NATIONALEN FRONT DES DEMOKRATISCHEN DEUTSCHLAND

FRIEDEN

„Wie langweilig! – Seit Jahren wählen die immer wieder dasselbe!"

WÄHLT DIE KANDIDATEN DER NATIONALEN-FRONT

Das neue Stadtwappen

und kraftvoller. Die klare bewußte Haltung des Wappentieres unterstreicht die Kraft unserer neuen Gesellschaftsordnung. Die Stadtver...

Dorfsekretär Kolja ist Delegierter der Parteikonferenz in Moskau. Er nutzt die Gelegenheit, Nikita Chruschtschow eine Frage zu stellen, die die Leute im Dorf schon lange bewegt. »Genosse Generalsekretär«, sagt er, »ich möchte gern wissen, wann der Kommunismus kommt.« – »Nun, paß auf«, sagt Chruschtschow und tritt zum Fenster. »Sieh hinunter. Dort steht mein Tschaika und dort der vom Genossen Bulganin. Siehst du, und wenn dann dein Tschaika dazwischensteht, dann haben wir Kommunismus.« Zufrieden fährt Kolja zurück. Im Dorf wird er von seinem Nachbarn befragt, ob er denn nun erfahren habe, wann der Kommunismus komme. »Nun, paß auf«, sagt Kolja und tritt zum Fenster. »Dort, vor der Tür, stehen meine Bastschuhe. Daneben stehen die meiner Frau. Wenn jetzt noch die Bastschuhe von Genossen Nikita Chruschtschow dazwischenstehen, dann haben wir Kommunismus.«

Nils Werner

Der Revolutionär am eigenen Herd

»Du, Onkel Karl, Vater läßt dir sagen, du sollst nicht vergessen, daß morgen Parteiversammlung ist.«

Auf einem Türschild steht der Name Kruse,
und Kruses feiern ein Familienfest.
Als erste kam, wie immer, Tante Suse,
die ihre Sippe nie im Stiche läßt.

Genosse Kruse kam ein bißchen später,
weil, wie er sagte, noch Versammlung war.
Er wird betrachtet wie ein Hochverräter,
und Tante Suse macht ihm keifend klar:

»Du bist ein Deutscher und mein eigner Neffe,
was gehn dich da die Kommunisten an?
Doch jedesmal, egal, wo ich dich treffe,
da hast du ein Parteiabzeichen dran.

Selbst heute tanzt du wieder aus der Reihe.
Du weißt doch, daß uns Kruses das nicht paßt.
Wenn ich dir heute noch einmal verzeihe,
dann eben nur, weil du Geburtstag hast!«

Man sieht ihrn Busen auf- und niederwuchten
und hört, bis sie ihr Bowleglas umkrallt,
wie aus den gleichgesinnten Busenschluchten
ein baß verstimmtes Echo widerhallt.

Genosse Kruse schweigt und hängt die Ohren,
und jähe Röte kriecht ihm ins Gesicht ...
Auf, auf zum Kampf, zum Kampf sind wir geboren?
So siehst du aus! Bei Sippenfeiern nicht.

Ulrich Speitel

Die liebe Verwandtschaft

Ich war noch nicht lange im Dorf. Ich war da erst kürzlich durch Heirat hineingeraten ... Aber mutig wie ich nun mal bin, gründete ich eine Kabarettgruppe. Eines Abends versammelten wir uns. Wir wollten beraten.

»Also, Kinder«, sagte ich, »wollen wir nicht mal was über den Kollmann machen? Der erfüllt doch sein Soll immer nicht.«

Die Kinder wollten nicht. Kollmann war nämlich Helmuts Vater und Gertruds Onkel und außerdem noch mit Heini und Paul verwandt. Und die konnten doch nun nicht ... na ja, ich war etwas überrascht von der vielseitigen Verwandtschaft.

»Na«, sagte ich, »dann kitzeln wir halt den Brauer ein bißchen. Ich glaube, der schiebt.«

Sie wollten den Brauer nicht kitzeln. Mit Brauer war nämlich die Rita verwandt. Und außerdem war der Brauer der Vetter vom Kollmann, stand also auch zu Gertrud und Heini und Paul in verwandtschaftlichen Beziehungen. Und die konnten doch nun nicht ... na ja, langsam begann ich zu staunen.

»Wenn das so ist«, sagte ich trotzdem, »könnten wir aber doch den Lehmann ein bißchen pieken. Der nimmt gerne Wurst, wenn er bei einem pflügen soll.«

Mit dem Lehmann ging das nun schon gar nicht. Mit dem Lehmann waren sie kreuz und quer alle neune verwandt. Und da konnten sie doch nun nicht ... na ja! Ich war sprachlos. Deshalb sagte ich: »Sagt mal, gibt's im Dorf überhaupt Leute, mit denen ihr nicht verwandt seid?«

Sie dachten nach. Sie fanden zwei. Mit diesen beiden aber war nun leider ich seit kurzem verwandt ... Und da konnte ich doch nun nicht ... naja! Jetzt aber kam mein Charakter in seiner ganzen Schönheit zum Durchbruch. Ich wurde unerhört kühn.

»Kinder«, sagte ich, »wir machen was gegen die verdammte Verwandtschaftspolitik. Da sind wir ja alle beteiligt: Das ist doch schrecklich: Einer tut dem andern nicht weh: Alle drükken mehr Augen zu, als sie haben.« Ich redete und redete. Ich redete sie um. Wir machten was. Eine herrliche Sache. Wir fuhren zum Kreis, zum zuständigen Mann, zwecks Genehmigung. Der Mann sagte nein. Er fand die Sache absolut nicht typisch. Er hatte nämlich Verwandte in unserem Dorf.

Im Gerichtsgebäude kommt ein Richter zu seinen Kollegen in die Kantine und kann sich vor Lachen kaum halten. Fragen seine Kollegen, was los sei. »Ach, ich habe gerade einen Witz über unsere Staats- und Parteiführung gehört!« – »Und wie geht der? Erzähl mal!« — »Wo denkt ihr hin! Ich hab den Witzerzähler zu drei Jahren verknackt!«

Fritz Bernhard

Beziehungen

Als er zum erstenmal im VEB Concordia-Motoren auftauchte,
nahm die Allgemeinheit von ihm kaum Notiz. Er sah nicht besser und nicht schlechter aus als andere Kollegen, er arbeitete
nicht schneller und nicht langsamer als sie, sah eher einmal
öfter auf die Uhr, wenn Büroschluß winkte, entwickelte in der
Kantine einen gesunden Appetit, besonders bei Schweinebra-
ten und Pflaumenkompott, schimpfte bei Besucherandrang,
rauchte Salem – kurz, Gerhard Grützmacher war ein Durch-
schnittsmensch, dessen Lebensweg man vorausahnen konnte:
mit dreißig Jahren würde er heiraten, mit vierzig einen Bauch

Es ist aller Ehren wert, wie hervorragend Sie sich bei Ihren Bekannten für
unseren Betrieb einsetzen, mein Lieber.

bekommen und mit fünfzig eine Glatze. Der Ehe
würden zwei Kinder entsprießen, ein Mädchen
und ein Knabe. Das Mädchen würde Klavier-
unterricht bekommen, und einen Hund würde die
Familie halten, voraussichtlich einen unechten Terrier mit
langem Schwanz.
Wie hundert andere vor ihm hatte sich Gerhard Grützmacher
nach einigen Wochen eingelebt. Zum erstenmal nahm er an
einer Produktionsberatung teil. Bescheiden setzte er sich an
das untere Ende der Tafel.
Wie üblich wetterte Betriebsleiter Dr. Hackmesser zunächst in
einer längeren Rede über aufgetretene Mängel, um dann die
Schuldigen abzukanzeln, zu denen er sich selbst nie zu rechnen pflegte. Heute trug, in einer Verwaltungssache, der Berliner Magistrat die Schuld.
Die Diskussion näherte sich ihrem Ende, als Gerhard Grützmachers Worte, fast unbeabsichtigt an seinen Nachbarn gerichtet,
zwischen zwei Reden tröpfelten: »Dunnerlittchen – das müßte
ich eigentlich mal meinem Freund Fritz erzählen.«
»Welchem Fritz?« fragte der Abteilungsleiter, der ein paar Stüh-
le weiter saß.
»Fritz Ebert«, sagte Grützmacher schlicht.
»Damit täten Sie ein gutes Werk, Kollege Grützbeutel, ein sehr
gutes Werk«, rief der außerordentlich hellhörige Betriebsleiter
vom Kopf der Tafel her. Es war das erste Mal, daß er, wenn
auch falsch, Grützmacher beim Namen nannte. Von diesem Zeit-
punkt an stieg der Kollege Grützmacher in seinem Ansehen, zumindest in seinem eigenen. Seine Haltung wurde selbstbewuß-
ter, sein Gang beschwingter.
Bei der nächsten Sitzung ging es um einen Rechtsstreit des Be-

triebes gegen einen anderen volkseigenen Betrieb. Die Concor-
dia-Motorenfabrik war unterlegen. Dr. Hackmesser fühlte sich
von dem amtierenden Richter schmählich verraten und
schimpfte wie ein Rohrspatz über unsere Rechtspflege, wenigstens bei diesem aller Gerechtigkeit hohnsprechenden Urteil.
»Dunnerlittchen«, sagte Kollege Grützmacher, »diese Angelegenheit würde vielleicht meine Freundin Hilde interessieren.«
»Welche Hilde?« fragte Betriebsleiter Dr. Hackmesser Schlag
auf Schlag zurück.
»Hilde Benjamin, unsere Justizministerin«, sagte Grützmacher
leichthin.
»Das tun Sie mal, lieber Grützmacher«, rief Dr. Hackmesser
händereibend. »Es ist aller Ehren wert, wie
hervorragend Sie sich bei Ihren Bekannten für
unseren Betrieb einsetzen, mein Lieber. Davon
können sich verschiedene Kollegen eine
Scheibe abschneiden.«

Stuhl um Stuhl rückte Kollege Grützmacher
an der Sitzungstafel nach oben. Sein Ansehen
stieg jetzt ganz allgemein. Nacheinander ver-
sprach er, in Angelegenheiten der Concordia-
Motorenfabrik mit Johannes R. Becher, Hele-
ne Weigel, Fred Oelßner, Wolfgang Langhoff,
Heinrich Rau, Gustav Adolf Schur und Her-
mann Henselmann zu verhandeln, wenn auch
die Erfolge dieser Verhandlungen nie bekannt
wurden. Denn in jeder Sitzung gab es neue
Probleme, vor denen die alten verblaßten, so-
fern sie nicht schon aus lauter Respekt vor Grützmachers Beziehungen gelöst worden waren. Bald ging ein Witz im Betrieb
um: Kollege Grützmacher werde wohl bald zur Kirche umschu-
len, wegen seiner guten Beziehungen zum lieben Gott. Und als
kaum ein Jahr vergangen war und der Posten eines Abteilungs-
leiters frei wurde, sagte Dr. Hackmesser zum Personalchef:
»Ich wüßte keinen besseren als Kollegen Grützmacher. Erstens
ist dieser Mann der geborene Repräsentant. Zweitens war er
jederzeit bereit, seine wertvollen Verbindungen in den Dienst
des Betriebes zu stellen. Der Betrieb kann das nicht unerwi-
dert lassen.«
Das Jahr darauf – kurz nach seinem dreißigsten Geburtstag –
verspürte Abteilungsleiter Gerhard Grützmacher das unauf-
schiebbare Bedürfnis zu heiraten. Das Mädchen, das er liebte,
hieß Edith, hatte eine niedliche Stupsnase und entstammte
einer Gastwirtsfamilie, in deren Lokal »Zur windigen Ecke«

Grützmacher seinen Dämmerschoppen einzunehmen pflegte. Als er zum erstenmal mit dem Verlobungsring im Büro erschien, gab es eine dramatische Szene, denn Kollege Grützmacher hatte in einigen schwachen Stunden auch Annemarie, seine Sekretärin, in Liebe geküßt. Drei Tage lief die Verlassene mit verweinten Augen umher, dann schlug ihr Kummer in Rachedurst um. Gerhard aber begann sich gegen ihren kalten Haß von Fall zu Fall mit kleinen Kognaks zu wappnen, mit denen Edith ihn ausreichend versorgte.

Wieder kam eine Sitzung. In Punkt drei der Tagesordnung ging es um einen Erfahrungsaustausch mit einem polnischen Betrieb. »Dunnerlittchen«, sagte Abteilungsleiter Grützmacher, der sich heute vor Annemaries kalten Blicken schon mehrfach an der Kognakflasche erwärmt hatte, »Dunnerlittchen, da könnte ich ja eigentlich mal mit meinem Freund Leopold sprechen.«

»Welchen Leopold denn?« fragte Dr. Hackmesser fast schon gewohnheitsmäßig.

»Außenminister Leopold Bolz«, sagte Grützmacher von oben herab. Während die nur schwach besuchte Versammlung zustimmte, Dr. Hackmesser aber lebhaft applaudierte, erlitt Kollegin Annemarie, die der Konferenz als Sekretärin beiwohnte, einen merkwürdigen Hustenanfall und eilte mit einer Entschuldigung hinaus.

Einige Minuten später läutete das Telefon im Sitzungszimmer. Der Außenminister war persönlich am Apparat und verbat sich, von einem Abteilungsleiter namens Grützmacher, den er nie im Leben gesehen habe, als Freund ausgegeben zu werden.

Am gleichen Tage noch, nach einer peinlichen und langen Vernehmung, stand Gerhard Grützmacher mit aufgekrempelten Ärmeln hinter der Theke »Zur windigen Ecke« und ließ sich von Edith im Abstreichen der Mollen unterweisen. Indessen wetterte Dr. Hackmesser in der letzten Sitzung dieses Tages über mangelnde Wachsamkeit im allgemeinen, um dann im besonderen die Schuld auf seine Mitarbeiter zu schieben. »Denn keiner von Ihnen, Kollegen, hat es für nötig befunden, die angeblichen Freundschaften dieses Angebers einmal nachzuprüfen, bis die Kollegin Annemarie endlich den Schwindel durchschaute und nachwies, daß Grützmacher unserem hochverehrten Außenminister Leopold Bolz völlig fremd war. Wie kamen Sie eigentlich darauf, Kollegin Schmöck?«

»Weil der Außenminister mit Vornamen nicht Leopold heißt«, sagte die Sekretärin.

»Richtig, auch das noch«, rief Dr. Hackmesser mit Schmerz in der Stimme, um zornig fortzufahren: »Wahrhaftig, Kollegen, Sie scheinen in unseren Sitzungen zu schlafen statt zu wachen!«

»Die Brüder scheinen tatsächlich immer geschlafen zu haben«, sagte Gerhard Grützmacher, als er nach Lokalschluß endlich Zeit fand, Fräulein Edith und ihre Eltern ausführlich über den plötzlichen Abschluß seiner bisherigen Laufbahn zu berichten. »Jeder hat mir geglaubt, daß ich die dicksten Beziehungen habe – aber passieren kann mir ja nichts. Mit Fritz Ebert bin ich tatsächlich in dieselbe Schule gegangen, und außerdem ist jeder Mensch mein Freund, der einen großen Namen hat. Wenn er meine Freundschaft nicht erwidert – ist das vielleicht *meine* Schuld?«

»Natürlich ist es die ausschließliche Schuld meiner Abteilungsleiter der BGL«, sagte um die gleiche Stunde Dr. Hackmesser zu seiner Frau, während er auf dem Bettrand sitzend das Nachthemd über den Kopf zog. »Die Kerle lassen sich von so einem hergelaufenen Möchtegern glatt imponieren. Die haben ihm sogar abgenommen, daß unser Außenminister mit Vornamen Leopold heißt.«

»Und wie heißt er wirklich?« fragte die Gattin aus ihrem Kopfkissenberg heraus.

Und während Dr. Hackmesser die Beine ins Bett schwenkte, sagte er gähnend: »Na, ich denke Ludwig.«

»Na bitte, haben wir doch wieder den Würdigsten für diese Auszeichnung durchgeboxt!«

Das große Verdienst

Der Rundfunkreporter berichtete: Im großen Saal des hohen Hauses ist soeben die feierliche Überreichung der hohen Orden zu Ende gegangen, und einer der Ausgezeichneten steht nun hier – im Foyer – vor unserem Mikrofon. Es ist Dr. Hans Guido Naßpichler. Wofür wurden Sie heute und hier ausgezeichnet, Herr Dr. Naßpichler?

Naßpichler warf sich in die Brust und versetzte mit klarer und eherner Stimme: »Man zeichnete mich aus für meine bedeutenden Leistungen auf dem Gebiete der Wasserwirtschaft!«

»Und worauf führen Sie diese bedeutenden Leistungen zurück, Herr Dr. Naßpichler?«

»Darauf, daß es im vergangenen Jahr besonders viel geregnet hat!«

Achim Fröhlich

Zeittafel

1957

4. Januar	DEFA-Filmpremiere »Die Abenteuer des Till Ulenspiegel«, Regie und Hauptdarsteller Gérard Philipe. Es bleibt seine einzige Arbeit für die DEFA.
15. Januar	DDR-Uraufführung von Brechts »Leben des Galilei« im Berliner Ensemble.
18. Januar	Die Volkskammer beschließt das Gesetz zur schrittweisen Einführung der 45-Stunden-Woche.
26.-27. Januar	DDR-Rennschlittensportler nehmen zum ersten Mal an einer Weltmeisterschaft (Davos) teil.
29. Januar	Im Dietz Verlag erscheint der 1. Band der neununddreißigbändigen Marx-Engels-Werke (MEW).

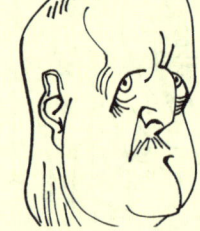

Erwin Geschonneck

Unterhalten sich zwei Männer: »Ich lese im Augenblick das Kapital von Karl May«, sagt der eine. Darauf der andere: »Du spinnst wohl. Das Kapital hat doch Karl Marx geschrieben.« – »Ach so«, meint der andere, »ich habe mich schon gewundert, daß so wenig Indianer vorkommen.«

1. Februar	Wegfall der Studiengebühren für das Direktstudium.
8. Februar	Der DEFA-Zweiteiler »Schlösser und Katen« hat Premiere; mit Raimund Schelcher, Karla Runkehl, Erwin Geschonneck.
15. Februar	Erstmals erscheint die Kinderzeitschrift Bummi.
26. Februar	Der erste Selbstbedienungsladen Leipzigs eröffnet.
26.-28. Februar	In Rostock beraten LPG-Vorsitzende und Aktivisten über die weitere Entwicklung. Bisher werden rund 23 % der landwirtschaftlichen Nutzfläche von LPGen bearbeitet.

Ist der Sozialismus von Wissenschaftlern oder von Politikern erfunden worden?
Natürlich von Politikern. Wissenschaftler hätten erst einen Tierversuch gemacht.

1. März	Das Gesetz über die Verkürzung der Arbeitszeit tritt in Kraft. Vorerst 1,4 Millionen Werktätige der Schwerindustrie, des Bergbaus und der chemischen Industrie arbeiten nur noch 45 Stunden pro Woche, drei Stunden weniger als bisher.
1. März	Eröffnung des neuen Schauspielhauses in Leipzig mit Schillers »Wallenstein«.
3. März	Helmut Recknagel geht beim Spezialsprunglauf am Holmenkollen als Junior mit Spezialgenehmigung an den Start und belegt den ersten Platz.

7. März	DEFA-Filmpremiere »Betrogen bis zum jüngsten Tag« nach einer Novelle von Franz Fühmann.
7.-9. März	Die Harich/Janka-Gruppe wird zu Zuchthausstrafen bis zu 10 Jahren verurteilt.
9. März	Das Amt des Staatssekretärs für Kirchenfragen wird eingeführt.
12. März	Vertrag über zeitweilige Stationierung sowjetischer Truppen in der DDR.
14. März	Gründung der Robert-Schumann-Gesellschaft in Zwickau.
26. März	Erschließung des ersten Braunkohlentagebaues für das Kombinat »Schwarze Pumpe« in Burghammer.
29. März	Die DEFA hat »Tinko« von Erwin Strittmatter verfilmt.
1. April	Gründung der ersten Fips Fleischer Band.
2. April	Das deutsche PEN-Zentrum Ost wählt Arnold Zweig als Nachfolger von Bertolt Brecht zu seinem Präsidenten.
12. April - 31. Mai	Ausstellung zum Werk von Otto Dix in der Deutschen Akademie der Künste.
14. April	Manfred von Ardenne erklärt im Namen bekannter Ost-Atomwissenschaftler die Zustimmung zur »Göttinger Erklärung« westdeutscher Wissenschaftler, die für Verzicht auf Atomwaffen eintreten.
20. April	Der erste Doppelstock-Gliederzug wird eingesetzt.
27./28. April	Gründung des Deutschen Turn- und Sportbundes (DTSB) im Haus der Ministerien in Berlin, Präsident Rudi Reichert.
1. Mai	Nach Carl Millöckers Operette »Der Bettelstudent« dreht die DEFA den Film »Mazurka der Liebe«.
7. Mai	Erstmalige Verleihung der Johann-Gottfried-Herder-Medaille.
8.-29. Mai	Erstes Gastspiel des Moskauer Wachtangow-Theaters in der DDR in Berlin, Leipzig, Dresden.
8.-31. Mai	Erstes Gastspiel des Berliner Ensembles in der Sowjetunion.
19. Mai	Beim Qualifikationsspiel zur WM siegt die DDR-Fußballmannschaft über Wales mit 2 : 1 in Leipzig.
25. Mai	Das erste 5500-Tonnen-Frachtschiff der Mathias-Thesen-Werft wird fertiggestellt.
30. Mai	DEFA-Filmpremiere »Lissy« von Konrad Wolf nach dem Roman von F. C. Weiskopf.

Fips Fleischer

Manfred von Ardenne

»Genossinnen und Genossen! Somit fordern wir für ganz Deutschland die Befreiung vom Kapitalismus, Imperialismus, Monopolismus und Faschismus!« ruft eine Redner von der Tribüne. Ruft ein Zuhörer von unten hinauf: »Ach, Genosse, sei so gut und nimm ooch meinen verdammten Rheumatismus in deine Forderungsliste auf!«

Nikita Chruschtschow

Friedrich Karl Kaul

30. Juni	Im Stahl- und Walzwerk Hennigsdorf wird die erste vollautomatische Schnellwalzstraße in Betrieb genommen.
30. Juni	Ernst Degner gewinnt beim 20. Internationalen Eifelrennen auf dem Nürburgring in der 125-ccm-Klasse.
27./28. Juli	In Augsburg gehen sechs von sieben WM-Titeln im Kanu-Slalom an DDR-Sportler.
1. August	Vietnams Staatspräsident Ho Chi Minh zu Besuch auf der Volkswerft Stralsund.
7.-14. August	Nikita Chruschtschow auf Staatsbesuch in der DDR. Gemeinsam mit Walter Ulbricht besucht er die Landwirtschaftsausstellung in Markkleeberg. Danach macht das Schlagwort vom Mais als »Wurst am Stengel« die Runde.

Anfrage an den Sender Jerewan: Stimmt es, daß in der Sowjetunion der Mais wie Telegrafenmaste wächst?
Antwort: Im Prinzip ja, aber nicht so stark und hoch, sondern so weit auseinander.

24. August	Konstituierung des »Forschungsrates« für naturwissenschaftlich-technische Forschung.
30. August	DEFA-Filmpremiere »Berlin – Ecke Schönhauser«. Regie Gerhard Klein, Buch Wolfgang Kohlhaase.
2. September	Eröffnung der ersten »Berliner Festtage«.
13. September	»Der blaue Aktendeckel« ist die erste Folge des »Fernsehpitavals« von Friedrich Karl Kaul.
14. September	Hans Zierold schwimmt in Leipzig Europarekord über 200 m Schmetterling.
4. Oktober	Die Sowjetunion startet den weltersten Satelliten, den 83 Kilogramm schweren Sputnik, der den Erdball 92 Tage lang umkreist.
7. Oktober	Auf Beschluß der Volks- und der Länderkammer wird die Amtszeit von Wilhelm Pieck als Präsident der DDR um weitere vier Jahre verlängert.

Anfrage an den Sender Jerewan: Stimmt es, daß nicht die Amerikaner, sondern wir die ersten waren, die die Rückseite des Mondes sahen? Antwort: Im Prinzip ja. Diesen Triumph verdanken wir unseren Wirtschaftsplanern; sie befinden sich seit Jahren dort.

Willst du Schuhe aus Igelit – dann wähle Pieck!
Willst du Schuhe auf Dauer – dann wähle Adenauer!

13. Oktober	Zweite Währungsreform. Ausgabe neuer Geldscheine. Bargeld wird in Höhe bis zu 300 Mark umgetauscht.
15. Oktober	Aufnahme diplomatischer Beziehungen zwischen DDR und Jugoslawien. Erstmals wendet die BRD die Hallstein-Doktrin an und bricht ihre Beziehungen zu Jugoslawien ab.

23./24. Oktober Thesen »Für eine sozialistische deutsche Kultur« auf der Kulturkonferenz des ZK.

26. Oktober   Erster Spatenstich für den Überseehafen Rostock.

1. November   Erich Mielke wird Minister für Staatssicherheit.

3. November   Mit der Hündin Laika an Bord von Sputnik 2 startet erstmals ein Lebewesen in den Weltraum.

7. November   Die Produktion des Trabants Typ P 50 beginnt.

15. November DEFA-Filmpremiere »Vergeßt mir meine Traudel nicht«.

16.-19. November Beratung von 64 kommunistischen und Arbeiterparteien in Moskau.

Klaus Fuchs

27. November Der »Montagsfilm« findet von nun an seinen festen Programmplatz im Fernsehen.

29. November Premiere von Heiner Carows Jugendfilm »Sheriff Teddy«.

15. Dezember Erstmals entfallen auf einem Bahnhof der Deutschen Reichsbahn, dem Leipziger Hauptbahnhof, die obligatorischen Bahnsteigkarten (20 Pfennig).

15. Dezember Einer der schönsten DEFA-Kinderfilme hat Premiere: »Das singende, klingende Bäumchen« mit Christel Bodenstein.

16. Dezember In Rossendorf bei Dresden wird der erste Atomreaktor der DDR in Betrieb genommen. Stellvertretender Direktor des Zentralinstituts für Kernforschung ist der »Atom-Spion« Klaus Fuchs.

25. Dezember Erstmals wird die Sendung »Zwischen Frühstück und Gänsebraten« ausgestrahlt.

1957 verlassen 261 622 DDR-Bürger das Land.

Sportler des Jahres:

Zum fünften Mal in Folge Gustav-Adolf Schur

Torschützenkönig der Oberliga:

Heinz Kaulmann vom ASK Vorwärts Berlin mit 15 Treffern

neue Bücher:

Eduard Claudius »Von der Liebe soll man nicht nur sprechen«

Erwin Strittmatter »Der Wundertäter 1«

Harry Thürk »Die Stunde der toten Augen«

Arnold Zweig »Die Zeit ist reif«

Stefan Heym »Offen gesagt«

Wolfgang Schreyer »Der Spion von Akrotiri«

große Hits:

»Meine Frau macht Musik« Trio Harmonie

»Dieser Rhythmus reißt uns mit« Ping-Pongs

»Küß mich, Angelina« Klaus Gross

»Du bist so jung« Gitta Lind

»Tipitipitipso« Jenny Petra

»Was macht ein Seemann ...« Liselotte Malkowsky

Oberliga-Plazierung 1957

1. SC Wismut Karl-Marx-Stadt
2. ASK Vorwärts Berlin
3. SC Rotation Leipzig
4. SC Motor Jena
5. SC Aktivist Brieske-Senftenberg
6. SC Turbine Erfurt
7. SC Lok Leipzig
8. SC Einheit Dresden
9. SC Fortschritt Weißenfels
10. Motor Zwickau
11. Rotation Babelsberg
12. SC Chemie Halle-Leuna
13. Lok Stendal (A)
14. SC Motor Karl-Marx-Stadt

1958

Walter Ulbricht geht mit einem Regenschirm über den Berliner Marx-Engels-Platz. Es ist herrlicher Sonnenschein. Ein freundlicher Passant macht ihn darauf aufmerksam, daß es doch gar nicht regnet.
Darauf erwidert Walter. »Nu, hier ja vielleicht nicht, aber in Moskau!«

2. Januar	Gesetzesverordnung, daß bei allen Tanzveranstaltungen mindestens 60% der gespielten Titel von Ost-Komponisten stammen müssen.
6. Januar	Helmut Recknagel gewinnt die Internationale Vierschanzentournee im Spezialspringen.
18. Januar - 16. März	Anläßlich des 100. Geburtstags von Heinrich Zille findet in Berlin eine große Gedenk-Ausstellung statt.
27. Januar	Die Pionierorganisation Ernst Thälmann wird sozialistische Massenorganisation für Kinder.
3.-6. Februar	Auf der 35. Tagung des ZK werden die Funktionäre Karl Schirdewan, Ernst Wollweber und Fred Oelßner ihrer Ämter enthoben. Erich Honecker wird Mitglied des Politbüros.
10./11. Februar	Der Wirtschaftsrat wird durch die »Staatliche Plankommission« ersetzt, die Vereinigungen Volkseigener Betriebe (VVB) werden neu organisiert und der »Staatlichen Plankommission« unterstellt. Die Industrieministerien werden aufgelöst.
28. Februar - 2. März	Auf der dritten Hochschulkonferenz der SED werden die Aufgaben der Universitäten und Hochschulen beim Aufbau des Sozialismus festgelegt.
15. März	Auf dem Volkseigenen Gut Hagelberg wird die erste Dorfakademie der DDR gegründet.
23. März	Zum 10. Jahrestag der Verabschiedung des Gesetzes zur Wahrung der Rechte der sorbischen Bevölkerung eröffnet in Bautzen ein Museum für sorbisches Schrifttum.
3. April	Die DEFA bringt den Revue-Film »Meine Frau macht Musik« heraus. Musik Gerd Natschinski. Mit Lore Frisch und Günther Simon.
17. Mai	DEFA-Filmpremiere »Thomas Müntzer« nach Friedrich Wolf mit Wolf Kaiser und Martin Flörchinger.
24. Mai	Willi Stoph wird stellvertretender Oberkommandierender der vereinten Streitkräfte des Warschauer Vertrags.
28. Mai	Aufhebung der Rationierung der Lebensmittel auf Karten; knappe Lebensmittel wie Butter und Fleisch sind weiterhin nur mit Kundenausweisen am Wohnort zu beziehen, Kartoffeln und Kohlen bis 1966 auf Karten.

Wolf Kaiser

31. Mai	Zwei Städteschnellverbindungen werden eingerichtet: nach Karlovy Vary fährt der »Karlex«, von Berlin über Warschau nach Brest der »Berolina«.
1. Juni	Herbert Leide (MC Grünau) holt sich den Europameistertitel im Motorwasserrennsport in der Klasse E 01 bis 900 ccm auf der Elbe in Dresden.
29. Juni	Erstes sozialistisches Pressefest der Zeitung »Neues Deutschland« in der Berliner Karl-Marx-Allee.
5.-13. Juli	Die erste Internationale Ostseewoche wird in Rostock eröffnet und wirbt für eine Interessengemeinschaft aller Ostseeanliegerstaaten. 1975 findet die letzte Ostseewoche statt.
7. Juli	Die Sowjetunion teilt der DDR mit, daß ab 1.1.1959 der Unterhaltsbeitrag für die Stationierung sowjetischer Truppen in Höhe von 600 Millionen Mark entfällt.

Das Neue Deutschland muß eine Falschmeldung dementieren: »Es stimmt nicht, daß der Benzinpreis zum 10. Jahrestag der DDR um 50 Pfennige gesenkt wird. Es mußte richtig heißen, daß der Preis zum 50. Jahrestag der DDR um 10 Pfennige heraufgesetzt wird.«

Zwei Tschuktschen spazieren über den Roten Platz. »Siehst du«, sagt der eine und zeigt auf das Mausoleum, »dort ruht unser verehrter Genosse Wladimir Iwanowitsch.« – »Nicht Iwanowitsch, sondern Fjodorowitsch.« Sie streiten sich. »Iwanowitsch!« – »Fjodorowitsch!« – »Iwanowitsch!« – »Fjodorowitsch!« Bis es dem einen reicht: »Wenn du nicht gleich aufhörst, zeige ich dich beim GUM an!«

7. Juli	Preissenkung für Molkereiprodukte sowie Fleisch- und Wurstwaren aus Schwein.
12./13. Juli	Das Dorf Mestlin veranstaltet das »1. Maisfest«.
10.-16. Juli	Auf dem V. Parteitag der SED wird der »Sieg der sozialistischen Produktionsverhältnisse« als Hauptaufgabe festgelegt und der Beschluß gefaßt, den Lebensstandard der Bundesrepublik bis 1961 zu überflügeln. Walter Ulbricht propagiert die »Zehn Gebote der sozialistischen Moral«.
19. Juli	Gerhard Klein dreht den DEFA-Kinderfilm »Die Geschichte vom armen Hassan« mit Ekkehard Schall in der Titelrolle.
20. Juli	Im Berliner Karl-Friedrich-Friesen-Stadion schwimmt Karin Beyer über 100 m Brust Weltrekord; der erste Weltrekord eines DDR-Schwimmers.
26. Juli	Die 4 x 200-m-Staffel der Frauen (Sadau, Stubnick, Köhler, Mayer) läuft Weltrekord in Leipzig.
9. August	Weltrekord der 4 x 1500-m-Staffel der Männer (Herrmann, Richtzenhain, Reinnagel, Valentin) in Poznan.
13.-17. August	Der 78. Deutsche Katholikentag findet gleichzeitig in Ost- und West-Berlin statt.

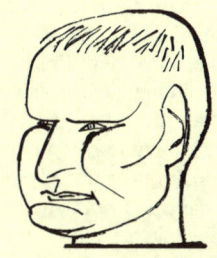

Ekkehard Schall

30. August	Gustav-Adolf Schur erkämpft seinen ersten Weltmeistertitel beim Straßenrennen der Amateure in Reims.
1. September	Einführung des »Polytechnischen Unterrichtstags« mit Unterricht in der Produktion.
5. September	Auf der Herbstmesse werden zwei neue Kunstfasern vorgestellt: Wollcrylon auf Kohle- und Kalkbasis und das für knitterfreie Textilien verwendete »Lanon« aus Erdöl. Auch der neue Kleinwagen »Trabant« vom VEB Sachsenring wird erstmals der Öffentlichkeit präsentiert.
8. September	Die Fluggesellschaft der DDR, »Interflug«, wird gegründet.

Der Trabant ist sogar im Marxismus verankert! Wie steht es im »Kapital«:
»Es gibt Gebrauchswerte ohne Wert.«

Eine Interflug-Maschine fliegt Moskau an. Der Kapitän gibt durch den Lautsprecher bekannt: »Bitte die Gürtel enger schnallen!« Ein sowjetischer Funktionär an Bord springt vom Sitz auf und ruft: »Ich verbitte mir diese antisowjetische Propaganda!«

11. September	Der Maler und Grafiker Hans Grundig stirbt in Dresden.
12. September	Karin Beyer schwimmt in Leipzig Weltrekord über 100 m Brust.
14. September	Einweihung der Mahn- und Gedenkstätte Buchenwald mit der Gruppenplastik von Fritz Cremer auf dem Ettersberg bei Weimar.
4. Oktober	Die erste zentrale »Messe der Meister von morgen« wird in Leipzig eröffnet.
5. Oktober	Fritz Cremer und Lea Grundig erhalten den Nationalpreis der DDR.
7. Oktober	Der Thüringer Zoopark auf dem Roten Berg in Erfurt, hauptsächlich in freiwilligen Aufbauschichten des Nationalen Aufbauwerks errichtet, öffnet seine Pforten.
8. Oktober	Erste Fernsehsendung des Abendgrußes, noch ohne Sandmännchen.
11. Oktober	Johannes R. Becher stirbt. In der Grabrede bezeichnet Walter Ulbricht ihn als »größten Dichter der neueren Zeit«.
18. Oktober	Es ergeht die »Richtlinie zur polytechnischen Bildung« (»Den Meißel im Ranzen«).
20. Oktober	Im Radio wird die erste Schlagerrevue von Heinz Quermann moderiert.
31. Oktober	DEFA-Filmpremiere »Der junge Engländer« nach Wilhelm Hauff.

Ein Neuerer schreibt an Bruno Leuschner, den Vorsitzenden der Staatlichen Plankommission: »Ich habe eine Waffe entwickelt, die alles in den Schatten stellt und uns die Überlegenheit über den Klassenfeind sichert. Ich habe alles beisammen und brauche nur noch drei Fahrradspeichen. Können Sie mir die beschaffen?« Nach kurzer Zeit erhält er Antwort: »Leider nein. Und was soll man auch mit einer Waffe, die aus so seltenen Einzelteilen besteht?«

3.-4. November Zentrale Chemiekonferenz in Bitterfeld faßt den Beschluß, die Chemieproduktion zu verdoppeln. Motto: »Chemie gibt Brot, Wohlstand und Schönheit.«

7. November Die Eisenbahnstrecke Halle-Leipzig, die 1946 demontiert worden war, ist elektrifiziert.

Ulrich Thein

> Die transsibirische Eisenbahn. Der Zug hält auf freier Strecke. »Was ist los?« fragt ein Reisender. »Nichts weiter«, sagt der Schaffner, »sie tauschen nur die Lokomotive.« – »Ach so, gegen eine neue?« – »Nein, gegen Wodka.«

9. November Premiere des DEFA-Films »Das Lied der Matrosen«, Drehbuch Karl Georg Egel und Paul Wiens, mit Hilmar Thate, Stefan Lisewski und Ulrich Thein.

16. November Bei den Wahlen zur Volkskammer und zu den Bezirkstagen erhalten die Einheitslisten 99,87% der Stimmen.

> Und sind die Straßen auch hulprig / wir wählen Walter Ulbricht!

27. November Die Sowjetunion kündigt das Besatzungsstatut für Groß-Berlin auf und fordert eine entmilitarisierte Freie Stadt West-Berlin innerhalb von sechs Monaten. Im Fall der Nichterfüllung würden die sowjetischen Berlin-Rechte an die DDR übertragen werden. (Erstes Berlin-Ultimatum)

8. Dezember Die neue Regierung unter Otto Grotewohl tritt ihr Amt an und beschließt die Aufhebung der Länderkammer, die nach Auflösung der Länder 1952 de facto noch bestand.

1958 verlassen 204 092 DDR-Bürger das Land.

Sportler des Jahres:

Zum sechsten Mal in Folge Gustav-Adolf Schur (Radrennsport)

Sportlerin des Jahres (die Wahl findet erstmals statt):

Karin Beyer (Schwimmen)

Torschützenkönig der Oberliga:

Helmut Müller vom SC Motor Jena mit 17 Treffern

neue Bücher:

Bruno Apitz »Nackt unter Wölfen«

Juri Brezan »Der Gymnasiast«

Manfred Bieler »Der Schuß auf die Kanzel«

Ludwig Renn »Herniu und Armin«

Bodo Uhse »Die Aufgabe«

Anna Seghers »Brot und Salz«

große Hits:

»Ein Stern am Himmelszelt« Margot Friedlaender

»Novacek-Polka« Lutz Jahoda

»Tamarina« Klaus Hugo/Katja Tiller

»Eine Welt ohne dich ist keine Welt für mich« Julia Axen

»Amigo« Bärbel Wachholz

»Heute spielt der Konstantin Klavier« Helga Brauer

Oberliga-Plazierung 1958

1. ASK Vorwärts Berlin
2. SC Motor Jena
3. SC Aktivist Brieske-Senftenberg
4. SC Wismut Karl-Marx-Stadt
5. SC Einheit Dresden
6. SC Dynamo Berlin
7. SC Empor Rostock
8. Motor Zwickau
9. SC Lok Leipzig
10. SC Rotation Leipzig
11. SC Turbine Erfurt
12. SC Fortschritt Weißenfels
13. SC Chemie Halle
14. Rotation Babelsberg

Nachweise

Die Karikaturen stammen von
Heinz Behling: 8, 10, 42, 117
Henry Büttner: 54, 58, 99 l.
Benno Butter: 79
Peter Dittrich: 16, 57 r., 113 o.
Karl Holtz: 11, 29, 50, 65, 97
Kurt Klamann: 77, 114
Harald Kretzschmar: 120, 121, 122, 123, 124, 125, 127
Lothar Otto: 51
Harri Parschau: 27 u., 57 l., 60, 61, 71, 72, 80, 87 u., 92, 107, 108, 113 u., 119
Louis Rauwolf: 15, 27 o., 63
Horst Schrade: 82, 85, 86, 87 o., 89, 90
Karl Schrader: 19, 28, 30, 36, 45, 99 r., 103
Georg Wilke: 24, 32, 56, 57 o., 99 o., 100, 105

Fotos:
Klaus Winkler: 39

Für die freundliche Genehmigung zum Abdruck danken wir den Autoren, Zeichnern und Erben. Nicht in allen Fällen ist es uns gelungen, Rechteinhaber und Rechtsnachfolger zu ermitteln. Berechtigte Honoraransprüche bleiben gewahrt.

ISBN 978-3-359-02237-4

© 2009 Eulenspiegel Verlag, Berlin
Umschlaggestaltung: Buchgut, Berlin, unter Verwendung eines Motivs von picture alliance/ZB
Druck und Bindung: Salzland Druck, Staßfurt

Ein Verlagsverzeichnis schicken wir Ihnen gern:
Eulenspiegel · Das Neue Berlin Verlagsgesellschaft mbH & Co. KG
Neue Grünstr. 18, 10179 Berlin
Tel. 01805/30 99 99
(0,14 €/Min., Mobil abweichend)

Die Bücher des Eulenspiegel Verlags
erscheinen in der Eulenspiegel Verlagsgruppe.
www.eulenspiegel-verlag.de